EL GRAN LIBRO
DE LOS CANARIOS

Gianni Ravazzi

EL GRAN LIBRO
DE LOS CANARIOS

A Cesare y Ottavia, cuyo padre me ayuda cada vez que se me estropea el ordenador... y sin cuyo auxilio este libro no habría visto nunca la luz. Gracias, Chico.

El autor agradece al señor Gino Conzo su amable colaboración y la redacción del capítulo referido a las enfermedades.
Igualmente desea expresar su agradecimiento por la cesión de material fotográfico a los señores Franco Dolza, Piero Provvidenti, Carlo Odone, Carmelo Ermelindo, Loredana Traverso, Piero Delfino, Franco Pozzi, Sante Stragliotto y Sergio Chiarli, y también al Lizard Canary Club Italiano (LCCI) de Florencia y a la Federazione Ornicoltore Italiani (FOI).

Traducción de Gustau Raluy Bruguera.

Diseño gráfico de la cubierta de Design 3.

Fotografías de Gianni Ravazzi y Alberto Gamaleri, salvo donde se indica otra procedencia.

Dibujos de Michela Ameli.

© Editorial De Vecchi, S. A. U. 2006
Balmes, 114. 08008 BARCELONA
Depósito Legal: B. 16.272-2006
ISBN: 84-315-2992-X

ÍNDICE

INTRODUCCIÓN

Este libro nace con el propósito de describir de manera simple y exhaustiva todos los aspectos de la vida de los canarios, reuniendo en una misma obra los tres grandes grupos de razas: canarios de canto, canarios de color y canarios de forma y postura.

La proliferación de una gran cantidad de razas, y de colores clasificados como variedades de una misma raza, ha dado lugar a mucha confusión entre las personas no expertas, que en definitiva son la mayor parte de las que tienen en sus casas a estos simpáticos pájaros.

He intentado hacer comprensibles todos los criterios generales de juicio a partir de los prontuarios de los jueces de la Federación Ornitológica Cultural Deportiva Española (FOCDE) y explicar las características de tipicidad de cada raza de canario. He insistido mucho en el hecho de que todos los canarios de color, del color que sea, forman parte de una única raza dentro de la cual hay catalogados más de 300 colores o matices cromáticos bien determinados, y he agrupado todas estas coloraciones (cada una de las cuales tiene un nombre preciso) en tablas esquemáticas porque, a lo largo de muchos años dedicados a la cría y a la divulgación, he descubierto la dificultad que tiene el neófito para entender que no es lo mismo decir «ágata», «castaño», «pastel» que «Gloster», «Lizard», «Harz». En efecto, lo tres primeros nombres indican tres tipos de canario de color y muchas coloraciones posibles, pero se refieren a una misma raza, el Sajón. En cambio, los segundos indican tres razas claramente diferenciadas entre sí.

¿Resulta confuso lo que acabo de exponer? Para despejar las posibles dudas, en la parte dedicada a esta materia el lector encontrará tablas y descripciones muy claras.

Este trabajo se completa, además, con capítulos dedicados a los híbridos del canario, a las posibilidades de que los canarios convivan con otras especies, a la alimentación, a la reproducción y, en general, a todo lo necesario para que los canarios vivan en perfectas condiciones.

Mi amigo Gino Conzo, veterinario especialista en patología de las aves, ha completado la obra con una sección exhaustiva sobre las enfermedades principales y los tratamientos respectivos.

Sólo me queda desear que sea del agrado del lector.

Primera parte

Conocer los canarios

ORÍGENES E HISTORIA

El canario en estado natural

El canario es un ave Paseriforme que toma el nombre de las islas en las que fue visto por primera vez, el archipiélago canario, en donde vivía entre la densa y exuberante vegetación, aunque la especie también habitaba en las Azores y en Madeira.

Es un pájaro alegre y vivaz, de talla inferior a los 13 cm, que se camufla entre el follaje gracias a la coloración verde con franjas grises y amarillas de su plumaje que lo hace «invisible».

Sin embargo, precisamente por el canto melodioso que delata su presencia, fue observado ya en el siglo XIV por los navegantes genoveses y españoles, que de-

Un Gloster corona con manchas simétricas (en la imagen no se aprecia la otra ala, pero la mancha es como la de este lado); la característica de las manchas simétricas es muy apreciada por los criadores, pero no se valora en el juicio técnico

sembarcaron en las costas canarias procedentes de África occidental. Como es de suponer, existen dos versiones sobre la paternidad del descubrimiento.

En cualquier caso, los primeros canarios llegaron a Europa en 1402, cuando el francés Jean de Bethencourt, que había ocupado las islas, regaló unos ejemplares a Enrique II de Castilla.

El éxito cosechado por estos pequeños pájaros en el viejo continente fue extraordinario, y en poco tiempo surgió una fuerte demanda. Así se inició el comercio del que fue el pilar de las razas modernas de canario.

En 1493, España completó la conquista de las islas Canarias; de 1580 a 1640, las Azores y Madeira estuvieron bajo el dominio español, de forma que, en este periodo, España contó con el monopolio de

El Harz es un pajarillo que se hace querer, tanto por su canto prolongado y rico, como por su alegría y por los alegres movimientos en la percha

Un ejemplar matizado de Sajón rojo, perteneciente a la categoría de canarios de color

la captura de estas codiciadas aves. Al darse cuenta de que no era difícil obtener ejemplares a través de la reproducción en cautividad, prohibieron la captura y la exportación de hembras, con la intención de mantener el monopolio sobre el que ya se había convertido en el pájaro de jaula más querido.

El monopolio se mantuvo hasta finales del siglo XVI, cuando se produjo el naufragio de un barco cargado de canarios machos cerca de la isla de Elba. Muchos pájaros se salvaron y, cruzándose con ejemplares del lugar, dieron origen a una nueva familia. La habilidad de los criadores locales y de los comerciantes italianos hizo llegar a toda Europa un gran número de cantores de gran calidad.

La fama de este animal creció de forma paralela a la organización y la especialización de la cría, hasta el punto de que en grandes ciudades como Nuremberg, en el siglo XVII, se aprobaron leyes para reglamentar la cría y la comercialización.

La selección se inició teniendo en cuenta las capacidades cantoras de los pájaros. El color se empezó a trabajar más tarde. Así nació el Harz Roller, conocido como Harz, que se caracteriza por cantar con el pico cerrado. Un siglo más tarde, la mutación amarilla dio pie a la búsqueda del color y, después, de la postura. El trabajo sobre la talla empezó en esta segunda fase evolutiva, cuando el canario verde amarillo de 12-13 cm fue perdiendo interés en favor de los canarios amarillos, luego blancos, de tallas notables y de forma y postura que dieron origen a las razas modernas. En último lugar, gracias a la hibridación con el cardenal de Venezuela apareció el factor rojo. Los canarios rojos, con todas sus posteriores variantes, se convirtieron en pocos años en los ejemplares más deseados del mercado europeo, superando en número incluso a los amarillos.

Hoy en día se pueden observar canarios en estado natural iguales que los que en su día fueron usados para la selección del canario doméstico, que ha perdido todas las características del animal silvestre y se ha adaptado perfectamente a la vida junto al hombre. Hasta hace pocos años, estos animales se usaban todavía para reforzar la sangre de las líneas domésticas más debilitadas.

La evolución del canario moderno

La formación de tantas razas bien fijadas y codificadas a partir de un único animal originario, el *Serinus canarius*, es el resultado de un gran esfuerzo y de un largo trabajo por parte de los criadores, que ha dado lugar a las razas modernas, divididas en tres categorías:

— canarios de forma y postura;
— canarios de color;
— canarios de canto.

La evolución de las diferentes razas, tanto las más antiguas y mejor fijadas como las más modernas y, en algunos aspectos, todavía en vías de definición, ha tenido como puntos de partida anomalías casuales que los criadores han aprovechado para fijar los tipismos.

Los canarios de forma y postura —treinta razas codificadas si se incluye el Irish, que todavía no está reconocido— tienen un origen antiguo, y sus peculiaridades tienen que ver siempre con alguna característica morfológica o de porte: por ejemplo, en el Gloster la característica fundamental es el penacho de la cabeza; en los rizados, la rara disposición de las plumas, que confiere al perfil una forma particular; en el Gobber, la postura adoptada al posarse en la barra. La talla de estos canarios es muy variable: va desde el diminuto Hosso (11 cm) hasta el gran Lancashire (22 cm). Una curiosidad: en los ejemplares de talla grande, la selección busca continuamente la mejora de esta característica, mientras que entre los canarios de talla pequeña se prefiere siempre el ejemplar pequeño (véase tabla resumen de las razas en pág. 136).

Canario de raza española amarillo intenso

CLASIFICACIÓN CIENTÍFICA

La primera clasificación científica del canario, como de la mayor parte de las aves, fue la de Linneo, que lo incluyó en el orden de los Paseriformes con el nombre de *Fringilla canaria*. Hoy en día, gracias a una clasificación de las especies mejor estructurada, el canario se incluye en el género *Serinus*, razón por la cual su nombre científico es *Serinus canarius* o *Serinus canaria*.

Reino	Animal
Subreino	Metazoos
Tipo	Vertebrados
Clase	Aves
Subclase	Neornites
Orden	Paseriformes
Familia	Fringílidos
Género	*Serinus*
Especie	*canarius* o *canaria*

Magnífico macho rojo mosaico

El grupo de los canarios de color está formado por una sola raza, el Sajón, que se presenta en más de 300 codificados y otros que están todavía en fase de selección (véase tabla en págs. 70-71):

— lipocromos, caracterizados por la inhibición total de las melaninas; por esta razón carecen de colores oscuros de origen proteico (el plumaje es de color claro);

— melánicos, caracterizados por la presencia más o menos acentuada de las melaninas (melánicos normales, pastel, ópalo, rubí, satinado, topacio).

Los canarios de canto están subdivididos en tres razas: Harzer Roller, Malinois Waterslager y Timbrado. Son canarios muy especiales, seleccionados por las cualidades del canto y poco difundidos, porque el gran público no suele saber cómo se valoran.

Un ejemplar rojo intenso: este canario, más que ningún otro, se ha beneficiado del cruce con el cardenal de Venezuela, si bien la coloración roja se ha avivado con el uso de colorantes en la alimentación

Morfología y anatomía

Para criar canarios, como para cualquier otro animal, es preciso tener una serie de conocimientos sobre sus hábitos, sus necesidades y el funcionamiento de su organismo. No basta con comprar un canario y meterlo en una jaula. Por esta razón, antes de describir las técnicas usadas en la cría y en la reproducción, es conveniente aportar algunas nociones sobre su anatomía.

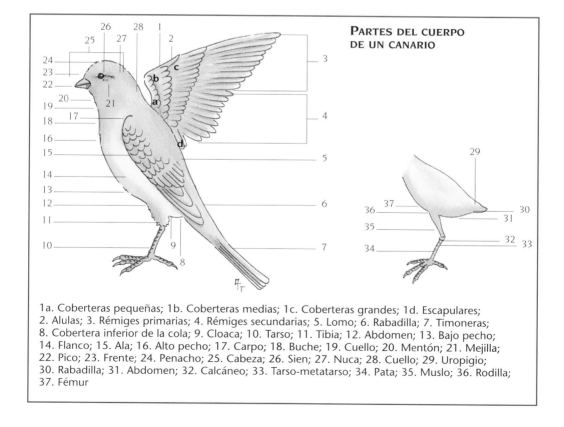

PARTES DEL CUERPO DE UN CANARIO

1a. Coberteras pequeñas; 1b. Coberteras medias; 1c. Coberteras grandes; 1d. Escapulares; 2. Alulas; 3. Rémiges primarias; 4. Rémiges secundarias; 5. Lomo; 6. Rabadilla; 7. Timoneras; 8. Cobertera inferior de la cola; 9. Cloaca; 10. Tarso; 11. Tibia; 12. Abdomen; 13. Bajo pecho; 14. Flanco; 15. Ala; 16. Alto pecho; 17. Carpo; 18. Buche; 19. Cuello; 20. Mentón; 21. Mejilla; 22. Pico; 23. Frente; 24. Penacho; 25. Cabeza; 26. Sien; 27. Nuca; 28. Cuello; 29. Uropigio; 30. Rabadilla; 31. Abdomen; 32. Calcáneo; 33. Tarso-metatarso; 34. Pata; 35. Muslo; 36. Rodilla; 37. Fémur

ESQUELETO

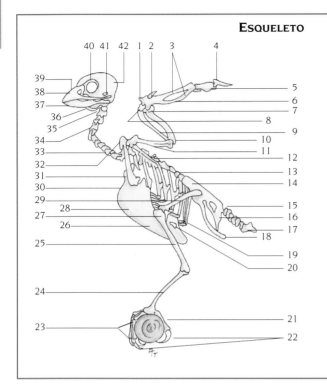

1. Metacarpo; 2. Segundo dedo;
3. Carpo-metacarpo;
4. Segunda falange tercer dedo;
5. Primera falange tercer dedo;
6. Cuarto dedo; 7. Carpo ulnar;
8. Carpo radial; 9. Radio;
10. Ulna; 11. Húmero;
12. Escápula; 13. Vértebras
dorsales; 14. Ilion;
15. Vértebras caudales;
16. Isquion; 17. Uróstilo;
18. Pubis; 19. Costillas;
20. Ventana esternal;
21. Metatarso; 22. Uñas;
23. Falanges;
24. Tarso-metatarso;
25. Tibiotarso; 26. Esternón;
27. Tibiotarso; 28. Quilla;
29. Fémur; 30. Rostro;
31. Coracoides; 32. Clavícula;
33. Vértebras cervicales;
34. Axis; 35. Atlas; 36. Hioides;
37. Mandíbula inferior;
38. Mandíbula superior;
39. Cráneo visceral; 40. Fosa
orbital; 41. Cavidad del tímpano;
42. Cráneo

APARATO UROGENITAL MASCULINO

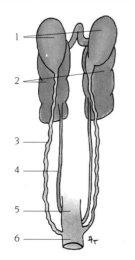

1. Testículos; 2. Riñones;
3. Conducto deferente; 4. Uréter;
5. Intestino; 6. Cloaca

APARATO UROGENITAL FEMENINO

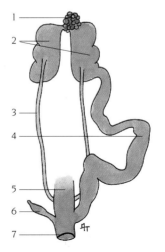

1. Ovario izquierdo; 2. Riñones; 3. Uréter;
4. Oviducto izquierdo; 5. Intestino;
6. Oviducto derecho; 7. Cloaca

APARATO DIGESTIVO

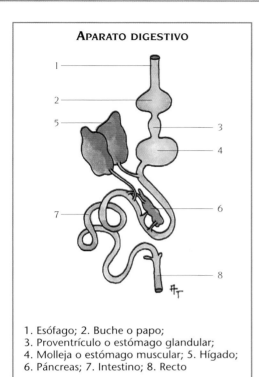

1. Esófago; 2. Buche o papo;
3. Proventrículo o estómago glandular;
4. Molleja o estómago muscular; 5. Hígado;
6. Páncreas; 7. Intestino; 8. Recto

La forma ahusada y aerodinámica y la ligereza del esqueleto hacen del canario un volador discreto.

Los músculos pectorales que accionan las alas, muy desarrollados, están insertados en el esternón, un hueso plano y cóncavo muy fuerte pero ligero.

El criador, en su observación constante de los animales, tiene en el esternón un punto de referencia. Este debe resultar visible —señal de que el canario no está obeso—, pero no muy marcado —indicaría que está demasiado delgado.

La imagen general del canario debe dar una idea de armonía y robustez, con el plumaje bien adherido al cuerpo, brillante y completo. En los cantores, las deficiencias en el plumaje pueden repercutir en la temperatura corporal y, en consecuencia, en las capacidades vocales.

En los lados de la cabeza, cubiertos por las plumas, están los oídos: dos pequeños orificios por los que entran los sonidos al aparato auditivo, que está bastante desarrollado. Lógicamente, las patologías en estos órganos pueden ocasio-

La típica forma ahusada de los canarios ancestrales se observa en muchos de los canarios actuales

nar graves impedimentos para la actividad canora.

El aparato respiratorio, determinante en el canto, está formado por las cavidades nasales, la faringe, los bronquios, los pulmones y los sacos aéreos, unas estructuras propias de las aves que sirven para que determinadas partes óseas se llenen de aire en cada movimiento respiratorio, de modo que el esqueleto se hace más ligero y los tejidos musculares se oxigenan.

Los típicos gorgoritos tan apreciados del canto de los canarios son posibles gracias a la siringe (o laringe inferior), formada por ocho pares de músculos que se mueven independientemente y dan lugar a las variaciones de tono entre los diferentes ejemplares. Entre los cantores, algunos cantan sumisamente, con el pico cerrado, y otros lo hacen con más vigor, con el pico abierto.

Si bien no tiene excesiva importancia en relación con el canto, en los canarios, como en general en todos los pájaros, el sentido de la vista está muy desarrollado. El sentido del gusto, en cambio, es poco sensible y sólo les permite identificar unos pocos sabores. Esto representa una importante ventaja para el criador, que así puede administrarles complementos dietéticos o medicamentos en el agua de beber, al contrario de lo que ocurre con los loros, que tienen un sentido del gusto muy desarrollado y son capaces de no comer ni beber durante días si notan un sabor que no les agrada.

Visto que los pájaros son voladores en su inmensa mayoría, no suele prestarse demasiada atención a las patas. Pero esto constituye un error, ya que si las alas sirven para volar, las patas son indispensables para posarse en la barra, para moverse por tierra y para rascarse distintas partes del cuerpo. Las patas han de ser fuertes, sin escamas, con los dedos sanos y las uñas robustas.

LA EMISIÓN DEL CANTO

El canto de los canarios está generado por la vibración de las cuerdas vocales junto con el desplazamiento de los músculos de la siringe, movidos por el aire que proviene de los sacos aéreos; el funcionamiento es comparable al de una gaita. En el hombre, en cambio, el sonido se produce por el paso del aire procedente de los pulmones que hace vibrar las cuerdas vocales.

Canto con el pico cerrado

Canto con el pico abierto

La FOCDE

La Federación Ornitológica Cultural Deportiva Española (FOCDE) es una institución de carácter cultural y sin ánimo de lucro, cuyo ámbito de actuación es España. Se trata de una entidad con personalidad jurídica propia legalmente aprobada por el Ministerio de Interior en Madrid, en fecha de 9 de mayo de 1979 y a tenor de la Ley 191/1964 de 24 de diciembre.

La FOCDE está dividida en 16 federaciones regionales, para su mejor funcionamiento, y está integrada en la Confederación Ornitológica Mundial (COM), como miembro de plenos derechos.

La finalidad de la FOCDE es la defensa de la naturaleza y el medio ambiente mediante la reproducción en cautividad de especies ornitológicas, de acuerdo con la normativa vigente, y la promoción y divulgación de la ornitología en España.

De la FOCDE dependen el Colegio Nacional de Jueces, que actúa en las muestras ornitológicas oficiales, entre ellas el Campeonato Ornitológico de España, de carácter anual, y las distintas comisiones técnicas nacionales, que establecen cuáles son los estándares de juicio de los distintos canarios.

La FOCDE ofrece un servicio de anillas federadas para el control deportivo de las especies y de sus criadores. Sólo los canarios criados en cautividad y debidamente anillados con estas anillas pueden participar en el Campeonato Ornitológico de España.

Un excelente Scotch que ha tenido mucho éxito en los Campeonatos del Mundo de Pescara (Italia) de 1999 (ejemplar nacido en 1998)

La FOCDE edita la revista *Pájaros*, de carácter trimestral. En ella se encuentra amplia información sobre los aspectos técnicos de la federación, los estándares de las razas, los orígenes e historia de las especies, cursos y competiciones nacionales o internacionales, etc. Aunque los artículos hacen referencia a todos los pájaros de jaula y pajarera, los canarios constituyen el tema de atención principal. Hay una versión en Internet de la revista que se puede consultar en la dirección www.revistapajaros.org, con una selección de artículos publicados en *Pájaros.*

La FOCDE organiza anualmente un Campeonato-Exposición Ornitológico de ámbito nacional, el más importante evento que en el mundo de la ornitología se celebra en nuestro país. Las especies a enjuiciar son: canarios de canto, canarios de color, canarios de postura, Exóticos, fauna europea y Psitácidos. Durante unos días conviven todos los aficionados, expertos y neófitos, comerciantes, informadores, etc., relacionados con una común afición, la ornitología.

CÓMO CONTACTAR CON LA FOCDE

Federación Ornitológica Cultural Deportiva Española
Apdo. de correos 327
C/ Verdiales, 13, 1.º
Tel./fax: 955 667 822
41700 Dos Hermanas (Sevilla)

Un ejemplar de Scotch moteado

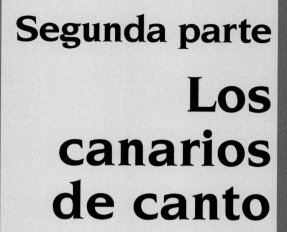

Segunda parte

Los canarios de canto

Los canarios de canto pertenecen únicamente a tres razas (Harz, Malinois y Timbrado), pero de gran importancia ornitológica. En torno a ellas se ha movido, de hecho, todo el mundo de los apasionados al canto y se ha desarrollado la hibridación con otros cantores como el jilguero, por citar sólo al más conocido.

EL HARZER ROLLER

Orígenes e historia

El nombre original de este canario es Harzer Edelroller: Harzer significa «originario de la región de Harz», Edel lo adjetiva como «noble y puro», en el sentido de la selección de la raza, y Roller hace referencia al sonido del canto típico de la raza, que es profundo y rodado. En español, este pájaro se denomina Harzer Roller, o simplemente Harz.

Sus orígenes se remontan al año 1600. Los mineros tiroleses que trabajaban en las minas de plomo y cobre del Tirol y del macizo de Harz empezaron a llevar a las minas algunos canarios domésticos (probablemente comprados en Italia y descendientes de ejemplares silvestres procedentes del naufragio de Elba), para usarlos como testigos de fugas de gas. Imitando los sonidos de las herramientas de las minas (poleas, ruedas, gorgoteos de agua), de los instrumentos de aire que tocaban en las montañas y el canto de los ruiseñores, que en aquella época abundaban en los bosques, estos canarios aprendieron a cantar de una manera muy particular. A partir de aquí se inició un laborioso trabajo de selección para convertirlos en cantores.

Los primeros animales de esta cepa seleccionados fueron llamados ruiseñores tiroleses por su fascinante canto. Su fama se extendió con rapidez, y la cría y selección dejó de hacerse exclusivamente por

Un Harz salpicado de amarillo

afición para convertirse en una actividad bien remunerada. Su elevado precio no fue un obstáculo para que los mineros los vendieran con relativa facilidad.

A principios del siglo XIX, al cerrarse muchas minas en el Tirol, se inició un flujo migratorio que llevó a muchos mineros lejos de su patria. Sin embargo, una comunidad considerable siguió viviendo en las montañas de Harz, donde nació el canario que hoy en día conocemos. La selección prosiguió según las cualidades canoras de los ejemplares, sin tener en cuenta el color. Esto explica por qué el Harz ha mantenido una librea verde amarilla de su antepasado salvaje. Sólo el refuerzo de las líneas con canarios amarillos se traduce en el nacimiento de ejemplares manchados con amarillo y verde.

La selección, no orgánica y conducida con criterios de subjetividad, desemboca en el nacimiento de cepas que ya no cantan por imitación, sino por instinto. En el canto de estos canarios, los criadores prefieren las asonancias con el viento, con el gorgoteo de las aguas de los arroyos y con el susurro de las hojas de los árboles; además, los criadores tienden siempre a escoger los ejemplares que cantan con el pico cerrado, emitiendo, de esta forma, notas graves y prolongadas. De este modo desaparecen las notas más altas y se conservan solamente algunos

En este primer plano se aprecia el color típico del Harz, que recuerda mucho al del canario originario; obsérvese la coloración verde con amarillo en el contorno del ojo y en el pico

Un Harz amarillo jaspeado de verde en una típica posición tendida hacia delante para iniciar el canto con el pico cerrado

El verde oscuro del plumaje con amarillo difuminado en el vientre es el color de los primeros Harz

sonidos concretos, menos agudos, como las campanas (Klingeln) y las flautas (Pfeifen).

Un personaje que merece ser mencionado por el trabajo llevado a cabo en la selección de esta raza es Enrico Seifert

Un Harz verde, muy típico tanto en la forma, como en el plumaje, en una posición curiosa

sado. Con una ligera diferencia en la talla (un poco mayor), recuerda al canario silvestre, tanto por la coloración de base que tiende al verde, como por la posición típica que adopta en las barras y por su vivacidad.

En general, estos canarios son de color verde uniforme, con matices que van del amarillo al marrón, y amarillo verdoso manchado, con predominio del verde. También están bastante difundidos los ejemplares con predominio de amarillo, mientras que los que son amarillos casi por completo, con alguna mancha de color grisáceo, y los de color amarillo puro son mucho más escasos. En realidad, el color no es ni una cualidad ni un defecto, aunque tradicionalmente el color de base de este canario es el verde.

El Harz es un canario robusto, alegre y vivaz, que ha mantenido las características de frugalidad y adaptabilidad im-

(1862-1932), el primero que intuyó la importancia de los machos transmisores de las cualidades de la raza, que pueden ser apareados con muchas hembras para crear un grupo de descendientes que, apareados entre sí a su vez, tienden a fijar las características del macho originario, creando lo que se llama línea o cepa. Esto permitió a Seifert fijar, en una línea única, las cualidades canoras que conocemos hoy en día, introduciendo en el repertorio del Harz una nueva melodía, la «ninna nanna» (Schockeln).

Con el paso del tiempo, el Harz ha perdido algunas de las melodías originarias y ha afinado sus cualidades canoras en otras. Así, se ha llegado a establecer un estándar de canto, en vigor desde el año 1959 y utilizado en los concursos para valorar los ejemplares.

Características físicas

El Harz tiene una forma parecida a la de los canarios Sajones (canarios de color), pero con el cuerpo más esbelto, más ahu-

Un reproductor Harz de expresión altiva y porte noble, tal como exige su condición

EL HARZER ROLLER DE COLOR

En algunos países, los canarios Harz se clasifican por el canto. En otros, se tiene en cuenta el origen común de este canario con el Sajón (o canario de color), y en los concursos se admiten Harz de color que se valoran según dos baremos de puntuación: el canto y el color. Existen también Harz con penacho, pero son casos raros, en general desviaciones exageradas de la raza original.

de buenos cantores, descendientes de un macho que haya transmitido intactas sus cualidades, y trabajar apareando siempre ejemplares con un cierto grado de parentesco, porque cada vez que se introduce sangre nueva para reforzar la línea, los hijos pierden un poco de calidad con respecto a sus progenitores.

Este Harz exhibe un color oscuro en las alas y, como ocurre a menudo, un color claro en las timoneras de la cola

puestas por la vida minera. Sus características físicas más comunes son:

— cabeza bien conformada con el vértice ligeramente plano;
— ojos oscuros y grandes;
— pico fuerte y proporcionado, de color carne;
— cuerpo ahusado, con el plumaje muy bien adherido;
— alas que se cierran en la inserción de la cola, que es estrecha y de longitud media;
— patas de tonos marrones.

Cría y reproducción

Los Harz son buenos reproductores, crían sin problemas y no requieren cuidados particulares durante el periodo de reproducción. El canto es básicamente hereditario, aunque es muy importante que los machos jóvenes lleven a cabo un periodo de aprendizaje con los maestros cantores para afinar sus cualidades innatas.

El hecho de que el canto sea hereditario implica que la selección del Harz sea, quizá, menos difícil que la del Malinois; ahora bien, esto no significa que cualquiera pueda obtener excelentes cantores.

Para seleccionar buenos ejemplares es fundamental partir de una línea fuerte y

Por este motivo, el procedimiento que se suele seguir en la creación de una nueva línea es aparear el macho reproductor con varias hembras; al año siguiente, se aparean el padre con las hijas, la madre con los hijos y los hermanos con las hermanas. Al tercer año, se realizan apareamientos entre primos, y así se obtiene una línea estable con un nivel de consanguinidad suficiente para crear un canto peculiar, similar al del primer macho reproductor, pero sin que se lleguen a comprometer las cualidades físicas de los canarios. Los criadores debutantes deben proceder con precaución, porque, si se abusa de las uniones en consanguinidad, se corre el riesgo de crear una línea estable pero con animales débiles y delicados.

A lo largo de todo el periodo de reposo invernal, los reproductores se alojan en pajareras amplias, machos y hembras separados, y se les administra una dieta ligera.

Durante el periodo de aprendizaje y también durante el de preparación para los concursos de canto, los maestros cantores y los alumnos deben ser alimentados con una dieta bastante más rica.

Un mes antes de iniciarse la temporada de la incubación, los machos reproductores deben ser alojados en jaulas individuales. El criador preparará la rotación rigurosa del macho con las diferentes hembras. Un buen reproductor puede aparearse con seis, siete u ocho hembras por temporada, siempre que estas ten-gan disposición para hacerlo. Para lograrlo, el criador pondrá los nidos en las jaulas de las hembras a intervalos, no a la vez, para estimular a unas a poner antes que las otras; una vez obtenida la primera nidada escalonada, las siguientes se repetirán en el mismo orden.

Para no fatigar demasiado a los reproductores, es preferible no hacer incubar a las hembras pasado el mes de junio y no producir más de tres nidadas por temporada. Las rotaciones de los machos no deben efectuarse con más de seis (máximo ocho) hembras. El desarrollo de los polluelos es idéntico al de todos los canarios de color (véase capítulo «El periodo de la reproducción» en págs. 203-209).

El canto con el pico cerrado es típico del Harz

Un Harz verde y amarillo

Los Harz con la coloración de base amarilla y la cabeza verde son más fáciles de encontrar en la actualidad que hace un tiempo, ya que la raza se seleccionaba casi siempre partiendo de reproductores verdes y manchados

La garganta amarilla de este Harz se hincha ligeramente mientras emite las típicas notas ligadas

El canto

Del análisis del canto del Harz resultan ocho melodías clasificadas; la octava (Klingeltouren) incluye dos sonidos diferentes que, antes de 1959, se valoraban por separado. En la tabla siguiente figuran las melodías con el nombre alemán, junto a la traducción en francés (lengua oficial de la Comisión Ornitológica Mundial) y en español.

Estas melodías se definen según la profundidad del sonido o la interrupción entre las sílabas.

En el primer caso tenemos:

• Cuatro melodías de tono profundo:

— Hohlrollen;
— Knorren;
— Hohlklingel;
— Pfeifen.

LAS MELODÍAS DEL HARZER ROLLER		
Alemán	**Francés**	**Español**
Hohlrollen	Roulée, Roulée profonde	Trino profundo
Knorren	Grognée, Roulade noueuse	Trino nudoso
Wassertouren	Tours de clapotis	Notas de agua
Hohlklingel	Tintée profonde	Sonidos profundos de campanas
Pfeifen	Flûtes	Flautas
Schockeln	Berceuse, Roulée scandée	Notas melódicas
Glucken	Glous	Cloqueo
Klingeltouren	Tours tintés	Campanas
1. Klingeln	1. Tintée	1. Campanas no rodadas
2. Klingelrollen	2. Roulées tintées	2. Campanas rodadas

• Cuatro melodías de tono menos profundo:

— Wassertouren;
— Schockeln;
— Glucken;
— Klingeltouren.

En el segundo caso, considerando por separado las dos voces de la octava melodía, tenemos:

• Tres melodías rodadas continuas:

— Hohlrollen;
— Knorren;
— Klingelrollen.

• Tres melodías levemente interrumpidas:

— Wassertouren;
— Hohlklingel;
— Klingeln.

• Tres melodías medidas:

— Pfeifen;
— Schockeln;
— Glucken.

A continuación, intentaremos describir cada una de las melodías, consciente de que no hay descripción que pueda hacer justicia al canto de estos canarios. Al emitir los sonidos, hay que considerar vocales mejores la *u* y la *o*, y menos buenas la *a* y la *e*.

Por lo que respecta a las consonantes, que en cualquier caso deberían oírse bastante menos que las vocales, hay que considerar como no propias del canto del Harz la *s* y la *z*. Veamos a continuación las melodías.

Hohlrollen

Es una melodía típicamente rodada que recuerda el sonido de la polea de madera que gira; se ejecuta siempre sin interrupciones y es la melodía típica de la raza. Los Harz suelen empezar sus canciones con esta melodía, que es la más natural para su laringe.

Hay cuatro tipos de interpretaciones del Hohlrollen: recta, cuando termina tal como ha empezado; ascendente, cuando pasa de una tonalidad a otra más aguda; descendente, cuando pasa de una tonali-

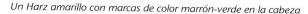
Un Harz amarillo con marcas de color marrón-verde en la cabeza

MODELO DE PLANILLA
PARA EL ENJUICIAMIENTO
DEL HARZER ROLLER

Asociación organizadora ....

Sede del concurso ....

Criador ....

Audición de la hora .... a la hora .... del día ....

PUNTOS DE MÉRITO						Observaciones
Número de la jaula						Jaula
N.° de anilla						N.° ....
Hohlrollen	hasta	27				
Knorren	››	27				
Wassertouren	››	27				
Schockeln	››	18				Jaula
Glucken	››	18				N.° ....
Hohlklingel	››	18				
Pfeifen	››	18				
Klingeltouren	››	9				
Impresión	››	9				Jaula
Total puntos de mérito	**hasta**	**90**				N.° ....
PUNTOS DE DEMÉRITO						
Wassertouren defectuoso	hasta	9				
Glucken defectuoso	››	9				
Pfeifen defectuoso	››	9				Jaula
Klingeltouren defectuoso	››	9				N.° ....
Schwirren	››	9				
Aufzug (aspiración)	››	9				
Total puntos de demérito						
Puntuación individual del juez 1						Clasificación
Puntuación individual del juez 2						
Total puntos de los dos jueces						**Total puntos stamm**
Media de puntos de los cuatro						→
Firma de los jueces	**Armonía stamm 1-3**					
	TOTAL PUNTOS STAMM					

1 - concursante

dad a otra más grave; y doblada, cuando la melodía se realiza primero en tono ascendente y luego descendente.

Knorren

Es la melodía base de las primeras familias de Roller y recuerda un leve gruñido. El sonido es rodado y se emite sin interrupciones.

Si la melodía se canta en tono descendente, el valor es máximo.

Wassertouren

Es una melodía ligeramente interrumpida que recuerda el lento gorgoteo del agua.

Esta melodía, que la raza ha ido perdiendo poco a poco y que en la actualidad muchos ya han olvidado, conserva una cierta importancia en la puntuación de los concursos de canto.

Hohlklingel

Es una melodía muy armoniosa que está adquiriendo prestigio. Es un canto con sílabas ligeramente interrumpidas; puede ser ascendente o descendente.

Pfeifen

Es un canto delicado de lamento, de sílabas interrumpidas, en las que se deben oír las consonantes. Es una melodía de tonos muy profundos.

Schockeln

Es una melodía claramente emitida de pecho, muy fatigante para el cantor, que nunca la repite varias veces. Recuerda en cierto modo una risa. Es de lamentar que sea la melodía que los modernos Harz efectúan peor (en algunas líneas incluso ha desaparecido).

Glucken

Evoca el goteo del agua. Es una melodía delicada y tenue que debe realizarse con las sílabas bien separadas.

Klingeltouren

Incluye dos melodías realizadas sólo con la vocal *i*, que se usa como una campana: la Klingelrollen, rodada y continua, y la Klingeln, de desarrollo levemente interrumpido.

El canto del Harz Roller debe ser efectuado siempre con el pico cerrado. Ha de expresar alegría y melancolía al mismo tiempo, pero también la dulzura y la sensación de paz que evocan los bosques y los torrentes. No debe impactar al oyente, sino atraerlo y seducirlo, obligándolo

Un Harz manchado con casquete oscuro y manchas en las alas

a escuchar con atención las variaciones del tema que se pueden percibir sólo en el silencio y la paz absolutos.

Por esta razón, el Harz no es apto para todo el mundo.

En las muestras ornitológicas, su canto se valora con puntos de mérito y de demérito, como muestra el modelo de planilla para el enjuiciamiento de la FOCDE (véase pág. 32).

EL MALINOIS WATERSLAGER

Orígenes e historia

El origen de esta raza es muy controverti-
do. La hipótesis más verosímil es que el
Malinois Waterslager es el resultado de la
selección efectuada por los criadores flamencos en Bélgica, a partir de un canario
amarillo de talla grande, probablemente
descendiente del Holandés y luego cruzado con canarios de origen alemán, seguramente con la intervención de algunos ejemplares procedentes del Tirol y de
las montañas de Harz. El caso es que, a
partir de la segunda mitad del siglo XIX,
los criadores flamencos disponían ya de
buenos cantores amarillos, robustos y de
talla importante. El primer club de criadores de Malinois fue fundado en el año
1872 en Amberes.

La importación de cantores alemanes
de talla más pequeña, pero de grandes
capacidades vocales, dio lugar a la selección de un cruce que, si por una parte
mejora la calidad del canto, por otra pierde ligeramente en talla y en la pureza del
color amarillo.

La importancia del Harz en el nacimiento del Malinois se percibe en la presencia de algunos sonidos rodados. Sea
como fuere, el Malinois se empezó a seleccionar siguiendo criterios propios.
Así, la raza perdió las características más
típicas del progenitor y fijó las suyas propias, de manera que escuchando los can-

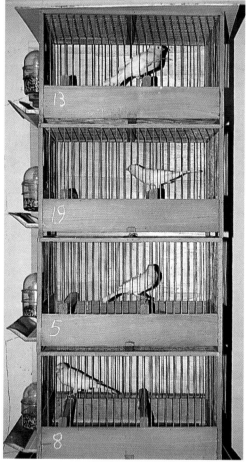

Cuatro jaulas superpuestas que albergan un stamm de Malinois

tos de ambos nadie podría sospechar un posible parentesco.

Al principio de la selección, el canto del Malinois guardaba un cierto parecido con el del ruiseñor, como demuestra el nombre que se le daba a este canario en los inicios: Malinois Nachtegaalslager, que en neerlandés significa «Malinois con canto de ruiseñor», que más tarde se convertiría en Malinois Waterslager, es decir, «Malinois que canta como el agua». En la actualidad tiene dos nombres oficiales: Malinois Waterslager y Belgische Waterslager.

Hoy en día es el canario más difundido en todo el mundo, y ha restado protagonismo al Harz.

El estándar de la raza y las definiciones precisas del canto datan de 1954 y 1956. A partir de entonces sólo han sufrido leves modificaciones.

Características físicas

En el Malinois, igual que en el Harz, las características físicas no tienen demasiada importancia, aunque se han fijado algunas de ellas:

— cabeza pequeña;
— plumaje rico y brillante, sin rizos;
— color amarillo o amarillo con ligeras manchas de color verde amarronado;
— porte ligeramente curvo;
— forma del cuerpo esbelta pero compacta;
— talla entre 14 y 17 cm.

La talla superior a la de los canarios de origen alemán es herencia del antiguo Holandés, así como también el color amarillo, que al principio era el único admitido, intenso en los machos y nevado en las

Dos Malinois sujetos con las manos para mostrar las características de la cabeza, bien conformada y unida al cuerpo por un cuello fuerte

El amarillo sin manchas es el color más común en el Malinois

Un magnífico Malinois en la posición característica de la raza, ligeramente tendida hacia delante

hembras. Al cabo de un tiempo se empezaron a aceptar ejemplares con color de fondo amarillo y pequeñas manchas verdes en la cabeza; hoy en día también se admiten los ejemplares manchados, aunque los criadores no los aprecian mucho.

El cruce con varias razas efectuado por diversos criadores ha llevado a la selección de algunos ejemplares naranjas, blancos o incluso con penacho. Se trata de una serie de degradaciones de la raza, que no pueden ser nunca bien vistas por los que seleccionan la raza para mantener este canario tal como nació.

Por este motivo, en 1978 la Comisión Ornitológica Mundial aclaró el punto referente al plumaje del Malinois, excluyendo cualquier coloración que no sea de amarillo puro o de amarillo con jaspeado verde, pero siempre con el amarillo dominante.

Sin embargo, en 1989, cediendo a la presión de los holandeses, pero con el voto en contra de otros países, la Comisión estableció que se pueden aceptar Malinois de color y blancos. Estos ejemplares se valoran primero según el color, por parte de los jueces de canarios de color, y después según las cualidades del canto, por parte de los jueces de canto. Por último, se suman ambas puntuaciones.

Cría y reproducción

El Malinois Waterslager es un canario fácil de criar.

Es robusto, frugal y buen reproductor; no tiene necesidades alimentarias concretas y prefiere una dieta ligera y con pocas semillas grasas y oleosas.

Los maestros cantores Malinois viven en jaulas individuales, pequeñas, durante todo el periodo en que dura su trabajo

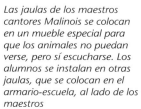

Las jaulas de los maestros cantores Malinois se colocan en un mueble especial para que los animales no puedan verse, pero sí escucharse. Los alumnos se instalan en otras jaulas, que se colocan en el armario-escuela, al lado de los maestros

El periodo de reproducción de estos canarios es igual que el del Harz: entre marzo y junio, la hembra cría tres nidadas. Asimismo, los machos reproductores pueden utilizarse con un número de compañeras que oscila entre seis y ocho, como máximo.

Los machos usados para la cría deben ser todos buenos cantores. Los pequeños, cuando están en el nido, oyen sus melodías, que si no son de buena calidad pueden tener efectos negativos en los machos jóvenes una vez destetados. El Malinois, si bien tiene una predisposición natural para su canto típico, es un canario que debe aprender las melodías de los maestros cantores, cuidadosamente elegidos por el criador.

Cuando los jóvenes son independientes, deben sacarse de la jaula de reproducción e instalarse en pajareras, separando los machos de las hembras. Los machos deben estar aislados de las hembras y de los pequeños, para evitar que oigan los reclamos maternos o la piada de los polluelos y aprendan sonidos que puedan perjudicar la ejecución de las melodías que deberán aprender.

En cambio, a su lado estarán bien aceptados los machos maestros cantores, incluso antes de la etapa de aprendizaje de canto.

Distinguir los machos jóvenes de las hembras es relativamente fácil, en parte porque el color amarillo de los machos

Plumaje amarillo nevado con timoneras de la cola blancas y rémiges bien cerradas en el dorso

suele ser más intenso y el de las hembras más nevado, y en parte porque los jóvenes machos muestran cierta propensión al canto.

En la cría de esta raza, la clave está en la organización de una escuela de canto, en el sentido literal de la palabra. La escuela empieza a finales de septiembre, cuando la muda ya ha acabado, y se divide en tres partes:

— adaptación;
— perfeccionamiento;
— audición (entrenamiento).

Se empieza instalando a los jóvenes cantores que ya han demostrado tener cualidades canoras en la pajarera, en jaulas de pequeñas dimensiones (28 × 18 × 18 cm), equipadas con dos barras próximas entre sí y recipientes externos. Estas jaulas pequeñas (así los canarios no tienen la posibilidad de distraerse jugando ni de moverse demasiado y se concentran más en el canto) se colocan en estantes, de modo que la luz llegue sólo por

MAESTROS Y ALUMNOS

El maestro cantor es un macho de mucha calidad que ha demostrado ser un buen cantor y que estimula en el alumno cualidades que este ya debe poseer. Un maestro no puede, en ningún caso, aportar demasiado a un alumno poco dotado.

En este sentido, es bastante ilustrativa la inscripción que preside la entrada de la Universidad de Salamanca: «Lo que la naturaleza no ha dado, Salamanca no puede prestarlo».

TEMPERATURA Y CALIDAD DEL CANTO

Los Malinois cantan muy bien a una temperatura aproximada de 15 °C. Si se desea propiciar un canto más enérgico, se puede alcanzar una temperatura de hasta 20 °C, mientras que si lo que se quiere es contener un canto demasiado impetuoso, habrá que bajar la temperatura unos grados, aunque hay que tener presente que nunca por debajo de los 10 °C.

la parte frontal y los canarios no puedan verse entre ellos.

El periodo que transcurre desde su instalación en las jaulas hasta que se aclimatan a este triste espacio se denomina de adaptación, y dura unas dos semanas. En estas condiciones, y con los maestros cantores en sus respectivas jaulas, se inicia el segundo periodo, el de perfeccionamiento, que suele durar tres semanas, a lo largo de las cuales los canarios se mantienen en la penumbra, y no se deja que les llegue la luz hasta el periodo de-

nominado de audición, cuando el criador los estimula al canto. Al concluir este tercer periodo, se retiran de las jaulas los ejemplares cuyo canto no ha sido satisfactorio, y sólo se dejan los ejemplares dignos de optar al perfeccionamiento final.

Después de cada periodo de entrenamiento y de competición, es conveniente darles un tiempo de reposo en la pajarera, antes de volver al trabajo, para no causarles estrés, que podría afectar sus cualidades vocales.

Un Malinois en perfecta forma física: atento, con las plumas bien adheridas, tendido hacia delante, sujetándose con fuerza a la percha con los dedos

El canto

El repertorio del Malinois incluye un buen número de melodías y, a diferencia del Harz, que prefiere las interrumpidas, las suyas son continuas. Este canario es capaz de emitir melodías simples, es decir, sin notas de agua, y melodías compuestas, formadas por tonos de fondo y notas de agua.

En la tabla que viene a continuación figuran las melodías del Malinois con el nombre original holandés, junto a la traducción en francés (lengua oficial de la Comisión Ornitológica Mundial) y en español. Para explicarlas, agruparemos estas trece melodías en cuatro grupos, siguiendo el planteamiento adoptado por el profesor Umberto Zingoni.

El primer grupo comprende las melodías 1, 2 y 3, es decir, las melodías líquidas que deben recordar el goteo y el fluir del agua, las más típicas del Malinois. La Klokkende debe tener un tono muy bajo y destacar mucho las vocales, como si se tratara de grandes gotas que caen en un cubo lleno hasta la mitad. La Bollende tiene un tono menos profundo y un ritmo más acelerado, como si estuviera producido por gotas que caen en un recipiente lleno sin el resonar de las paredes. La Rollende es parecida a la Bollende, pero sin intervalo entre las sílabas de la canción, como el agua que fluye entre las piedras de un arroyo.

Las melodías 4, 5 y 6 comprenden el segundo grupo, que son sonidos simples sin efecto de agua. Chorr y Knorr son sonidos típicos del canto del ruiseñor y del canto del Harz: el primero es un sonido parecido a la ruedecita de carga de un reloj de cuerda; el segundo se asemeja a un gruñido sumiso y rodado. Staaltonen es una secuencia de sonidos metálicos de

LAS MELODÍAS DEL MALINOIS		
Alemán	**Francés**	**Español**
1. Klokkende Waterslager	Coups d'eau tintés	Sonidos de caída de agua con gotas lentas; sonidos de agua escandidos, «metálicos» o «curvados»
2. Bollende Waterslager	Coups d'eau bouillonnants	Sonidos de caída de agua con gotas rápidas; sonidos de agua hirviendo
3. Rollende Waterslager	Coups roulants	Notas de agua que fluye; sonidos rodados
4. Chorr y Knorr	Chorr et Knorr	Rodada profunda
5. Staaltonen	Sons metalliques	Notas metálicas
6. Fluiten	Flûtes	Flautas
7. Woeten	Woutes	Frases de ruiseñor
8. Bellen	Clochettes	Campanas vibrantes y medidas
9. Belrol	Clochettes roulées	Campanas prolongadas y rodadas
10. Fluitrol	Flûtes roulées	Flautas rodadas
11. Tjokken y Tjokkenrol	Tjoks et Tjoks roulées	Frases de ruiseñor y frases de ruiseñor rodadas
12. Schokkeln Waterschokkeln	Berceuse et Berceuse mouillée	Canción de cuna y canción de cuna con ecos de agua
13. Onvoorziene toen	Tours non prévus	Frases imprevistas

Un Malinois durante el canto en posición típica, hacia delante

ritmo muy lento. Fluiten es una melodía inconfundible, propia de todos los Malinois, que recuerda el silbido del cazador para llamar al perro.

El tercer grupo está compuesto por las melodías 8, 9, 10 y 11, todas ellas caracterizadas por sonidos simples: Bellen recuerda el sonido de una campana; Belrol, que es una melodía emitida con el pico semiabierto, recuerda el zumbido de un timbre eléctrico; Fluitrol evoca sonidos de flauta prolongados; Tjokken y Tjokkenrol (propias del Malinois y del ruiseñor) son sonidos simples que se diferencian por el ritmo, más lento en el primero que en el segundo.

Por último, el cuarto grupo comprende las melodías 7, 12 y 13. Estas melodías están caracterizadas por una particularidad: la Woeten y la Schokkeln Waterschokkeln, en la actualidad, han desaparecido del repertorio del canario, mientras que las frases imprevistas (Onvoorziene toen), tiempo atrás bastante comunes, ya no se valoran.

Cabe decir, para concluir, que en las muestras ornitológicas el canto del Malinois Waterslager se valora con los denominados puntos de mérito y de demérito, como muestra el modelo de planilla para el enjuiciamiento de la FOCDE (véase pág. 45).

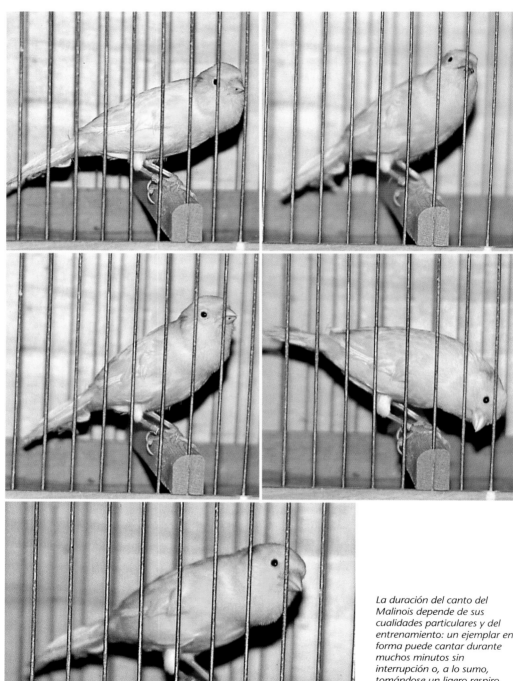

La duración del canto del Malinois depende de sus cualidades particulares y del entrenamiento: un ejemplar en forma puede cantar durante muchos minutos sin interrupción o, a lo sumo, tomándose un ligero respiro entre una «canción» y la siguiente. En la secuencia vemos un cantor que se hincha y cambia de posición al variar las melodías

MODELO DE PLANILLA
PARA EL ENJUICIAMIENTO
DEL MALINOIS WATERSLAGER

Asociación organizadora ....

Criador .... R.N.A. N..............

Juzgado el .... de la hora.......... a la hora ....

NÚMERO DE LAS JAULAS					
Número de las anillas					
PUNTOS DE MÉRITO					**Observaciones**
Klokkende waterslag máx.	p. 12				
Bollende waterslag máx.	p. 9				Jaula
Bollende waterslag máx.	p. 6				N.° ....
Chorr Knorr máx.	p. 6				
Staaltonen máx.	p. 9				
Fluiten máx.	p. 9				
Woeten máx.	p. 6				
Bellen máx.	p. 6				
Belrol máx.	p. 6				Jaula
Fluitrol máx.	p. 6				N.° ....
Tiokken máx.	p. 6				
Schockeln máx.	p. 3				
Onvoorziene toen					
Indruk máx.	p. 3				Jaula
TOTAL X 3					N.° ....
PUNTOS DE DEMÉRITO					
Riet-Aspirate máx.	p. 3				
Hoge spitse-acute	p. 3				
Snetter máx.	p. 3				
Neuzig-nasali máx.	p. 3				Jaula
Tjip, tiep, tsiet máx.	p. 3				N.° ....
Tjap (descalificación)					
Total puntos a restar					
RESTO DE PUNTOS DE MÉRITO					

Firma del juez	Total puntos stamm				
	Armonía stamm 1-3 p.				
	TOTAL PUNTOS STAMM				

EL TIMBRADO ESPAÑOL

Orígenes e historia

El Timbrado es una raza nacida del cruce entre el canario silvestre, el antiguo canario de buen canto español (Canario del País) y el canario Sajón.

La historia de este pájaro es bastante reciente. Fue reconocido oficialmente por la Comisión Ornitológica Mundial en 1962, y el año siguiente se aprobaron algunas modificaciones del estándar de canto.

Su difusión fuera de España ha sido bastante lenta. De hecho, en Europa no se han empezado a ver ejemplares de esta raza hasta hace poco tiempo, aunque en muchos países todavía no aparece como categoría en concurso, lo cual no estimula en nada a los criadores a dedicarse a esta raza.

Características físicas

El Timbrado es un canario extraordinariamente rústico, de talla pequeña (13-14 cm) y forma alargada y ahusada, muy parecida a la del canario silvestre.

El estándar admite todos los colores, pero la mayor parte de los ejemplares tiene el plumaje de color uniforme verde jaspeado; existen ejemplares manchados verdes y amarillos, con el verde como dominante, aunque no están muy difundidos. En el límite del estándar hay ejemplares lipocromos amarillos y manchados con predominio de los colores claros. No se admiten, en cambio, los colores no naturales, los ojos rojos ni el plumaje rizado.

El Timbrado es el canario de canto más bullicioso

Un Timbrado de bella forma ahusada

El Timbrado es un animal vivaz, alegre y ágil, dotado de un canto sonoro y fuerte que ejecuta con el pico abierto.

Cría y reproducción

El Timbrado, al igual que la Raza española, es un buen reproductor, robusto, apto también para ser nodriza de canarios de raza más delicada, aunque no hay que olvidar que nació para el canto, y para el canto debe ser seleccionado. Por ser una raza joven, muchas de sus características todavía tienen que ser fijadas, y por esta razón es importante que los criadores lleven a cabo un trabajo de selección constante.

El Timbrado sólo se cría en España, y habida cuenta de las dificultades para clasificarlo, tanto desde el punto de vista morfológico, como canoro, es probable que, si no se aclaran las líneas esenciales de estos dos aspectos, el Timbrado difícilmente pueda andar mucho camino. Y sería una gran lástima, porque si bien las cualidades de su canto son muy diferentes de las del Harz y de las del Malinois, sus melódicos y potentes trinos podrían

Macho reproductor de Timbrado

constituir, usando una metáfora, una especie de música ligera que acompañaría a la ópera y a la opereta de las dos razas más importantes.

Las parejas se forman entre finales de febrero y la primera quincena de marzo. La incubación dura hasta junio y, visto el rápido crecimiento de los pequeños, las hembras pueden criar unas cuatro nidadas antes de la muda. De todos modos, es preferible interrumpir la reproducción después de la tercera nidada.

En esta raza, la elección de los reproductores machos que deberán aparearse con varias hembras es un factor fundamental. Hasta el momento no se ha utilizado demasiado la técnica de selección en consanguinidad muy estrecha, lo que tiene efectos positivos en la fortaleza de los ejemplares.

El canto

Al ser una raza bastante reciente, existen algunas discrepancias en la forma de valorar a este cantor.

En cualquier caso, posee dos características claramente fijadas: el canto es vivaz y fácil de comprender, incluso por un oído poco experto; además, las diferencias entre ejemplares y entre familias son muy evidentes.

Por lo tanto, la selección debe estar orientada a alcanzar el nivel de las razas de canto más antiguas. Si los criadores no encuentran una vía común de selección, la raza seguirá siendo apreciada por las capacidades individuales de cada ejemplar, pero no alcanzará nunca la homogeneidad deseable.

La canción del Timbrado consta de varias melodías, unas continuas y otras discontinuas, valorables por el timbre, la sonoridad y el tono. A continuación, describiremos brevemente las melodías del repertorio del cantor español:

• el Timbre metálico es una nota metálica que recuerda el sonido de un timbre eléctrico;
• el Cascabel también es un sonido metálico, pero más grave que el anterior, y, como su nombre indica, recuerda el so-

Cuando canta, el Timbrado se inclina hacia delante

Excelente Timbrado durante el canto: su voz fuerte y alegre hace que sus melodías sean pegadizas. Este ejemplar nos muestra también las características de la raza: el color verde intenso y la forma ahusada; los Timbrados de color amarillo o manchados no se consideran ejemplares de calidad

nido de un cascabel. Estas dos notas, subiendo o bajando un tono, forman las Notas de enlace y las Notas rodadas;

• la Nota de agua reproduce el sordo gorgoteo del agua que fluye; es una nota claramente medida;

• los Cloqueos son sonidos con sílabas separadas;

• la Castañuela es la nota que imita este instrumento; junto con los Cloqueos, las Castañuelas forman las Notas escalonadas;

• los Floreos lentos comprenden dos melodías, los Floreos básicos y los Floreos de adorno, dos ritmos con fraseado distinto;

• las Notas compuestas (o Duetos) pueden darse en todas las melodías y deben dar la sensación de que cantan dos ejemplares;

• la Campana es una melodía incluida en los Floreos y está formada por sílabas medidas que recuerdan el tañido de las campanas.

El Timbrado es una raza que da prioridad al canto fuerte, fresco y sonoro de los canarios comunes de jaula, apreciado en todo el mundo por los aficionados que no tienen exigencias particulares en cuanto a la selección con fines competitivos.

MODELO DE PLANILLA
PARA EL ENJUICIAMIENTO
DEL TIMBRADO ESPAÑOL

FOE – FOCDE ESPAÑA	JAULA	a)	b)	c)	d)
	ANILLA				
Canto del Timbrado español	GIROS POSITIVOS				
Ficha de enjuiciamiento	Timbre metálico 9				
Sociedad	Nota de enlace 6				
Expositor	Notas rodadas 12				
Localidad	Nota batida. 6				
PREMIO	Cascabel 12				
	Cloqueos. 15				
Obs. a)	Castañuela 9				
	Floreos básicos. 12				
Obs. b)	Floreos adorno 15				
	Notas compuestas 12				
Obs. c)	Campana. 6				
	Notas de agua. 9				
Obs. d)	Impresión 3				
	TOTAL POSITIVOS				
Fecha	GIROS NEGATIVOS				
	Rascadas 3				
Hora	Estridencias 3				
	Nasalidad 3				
	TOTAL NEGATIVOS				
	TOTAL 100				
	Stamm. . . . . EL JUEZ.				
	Armonía stamm (4)				
	Total stamm				

FOE-FOCDE
Puntos
Concursante
Canarios de canto
Premio
Variedad = Timbrado español
Grupo
Jaula

Tercera parte

Los canarios de color

Todos los canarios de color pertenecen a una sola raza, con un gran número de variedades de colores clasificadas. Es un grupo que evoluciona continuamente porque la fantasía de los ornicultores parece no tener fin. Sin embargo, para que una variación nueva sea

reconocida oficialmente debe ser admitida por la Comisión Técnica Mundial, que aprueba los estándares y sienta las bases de juicio para las diferentes razas.

LA EVOLUCIÓN

La pregunta que surge con más inmediatez es la siguiente: ¿cómo es posible que de una única especie ancestral, el *Serinus canarius*, se haya podido obtener en relativamente pocos años un número tan elevado de razas y de mutaciones de color, sin olvidar además que de la evolución del *Serinus canarius* se derivan tanto las razas de canto como las de forma y posición?

Para contestarla, será útil aclarar un concepto muy elemental de genética, que explica cómo se crea un fenómeno de mutación que luego queda fijado y reaparece como carácter hereditario.

Los factores hereditarios de los canarios de color son de tres tipos:

— dominante: intenso o intensivo y blanco coloreado;
— recesivo: blanco recesivo, ópalo y rubí;
— ligado al sexo: pardo, ágata, isabela, pastel, marfil, satinado.

Desde el punto de vista del fenotipo, los canarios de color están subdivididos en dos grupos:

• lipocromos, que no están pigmentados, ya que carecen de melaninas, y sólo

HERENCIA DE LOS CARACTERES

La célula es la unidad biológica básica que contiene todas las funciones vitales de los seres vivos, así como los caracteres hereditarios. En el interior de la célula está el núcleo, en el que se encuentran los cromosomas, unas estructuras filiformes que contienen los genes. Las células reproductoras son los gametos, que son células haploides, es decir, con una sola serie de cromosomas; en el apareamiento se produce la unión del gameto masculino, el espermatozoo, con el femenino, el óvulo; esto determina la formación de una doble célula fecundada, una célula diploide, que da origen a un nuevo individuo que hereda los caracteres típicos de los padres.

• El carácter **dominante** inhibe por completo la manifestación de los demás factores, que permanecen ocultos, y aparece, en cambio, en los ejemplares nacidos de una primera generación.
• El carácter **recesivo** es un factor que permanece oculto y se manifiesta sólo si está presente en el padre, puro o portador, y en la madre; este carácter lo hereda toda la descendencia, machos y hembras.
• El carácter **relacionado con el sexo** es un factor que aparece sólo en la descendencia si está presente en el padre, que puede ser puro o portador, o en la madre, y en este caso es transmitido a toda la descendencia. Si este factor está presente sólo en la madre es transmitido en el genotipo de la descendencia masculina, machos portadores.

muestran el lipocromo, que puede ser blanco, amarillo, rojo, marfil o marfil rosa;
• melánicos, caracterizados por la presencia de las melaninas, sustancias pigmentadoras que dan una coloración oscura al plumaje, negro bruno y bruno, y forman un dibujo.

La primera mutación de color obtenida a partir del *Serinus canarius* es la amarilla, que se generó hacia 1670 cuando, por una anomalía del plumaje, en un criadero nacieron algunos ejemplares que, en lugar de la típica coloración verdosa, presentaron un color con tendencia al amarillo dorado. A través de una serie de cruces entre estos ejemplares mutados, empezaron a aparecer en el mercado cada vez más canarios amarillos. Con un meticuloso proceso de selección, trabajando con ejemplares que mutaban ligeramente con respecto a las

Canario rojo nevado: la coloración roja fue seleccionada a partir de principios del siglo xx, pero ha tenido su máxima expansión en los últimos treinta años

características de los padres, se obtuvo a partir del color amarillo un cierto número de variantes, hasta llegar al blanco y al marfil.

La mutación roja, por el contrario, fue descubierta en nuestro siglo y no se deriva de una anomalía natural del plumaje de algunos ejemplares posteriormente cruzados entre sí, sino que se obtuvo por medio de la hibridación del canario amarillo con el cardenal de

EL GENOTIPO Y EL FENOTIPO

El término *genotipo* indica el patrimonio genético de un individuo, incluidos aquellos caracteres que no muestra; el término *fenotipo*, por el contrario, se refiere al conjunto de caracteres exteriores que muestra un ejemplar y que son visibles. De este modo, un ejemplar portador puede tener un cierto aspecto exterior (fenotipo) y al mismo tiempo puede poseer en su patrimonio genético (genotipo) otros factores que no son visibles y que se transmiten a la prole.

Un ejemplar de canario rojo intenso de ala blanca

Venezuela y con el cruce sucesivo de los híbridos machos de primera generación, casi siempre fértiles, con canarios hembras; seguidamente, los híbridos de segunda generación se cruzaron de nuevo con canarios hembra, para llegar a la última fase que lleva a la cuarta generación, en la que se obtiene un ejemplar

---

EUMELANINAS Y FEOMELANINAS

Existen tres tipos de melaninas, los pigmentos que dan el color oscuro y el dibujo a los canarios:

— **eumelaninas negras,** que dan el color negro bruno, casi negro con reflejos azules y el dibujo;
— **eumelaninas brunas,** que dan el color bruno y el dibujo;
— **feomelaninas,** siempre brunas, que también dan el color y el dibujo.

---

sucesivas variantes graduales pasó a ser la más difundida en Europa. Los canarios rojos, que se definieron con la expresión *rojo naranja* —hoy en día se les denomina simplemente rojos— tuvieron cada vez mayor representatividad en las muestras ornitológicas y acabaron superando numéricamente a los más difundidos canarios amarillos.

El híbrido de cardenal y canario se definió con la sigla F1 y posee las características del cardenal en cuanto a talla y comportamiento, aunque presenta un dibujo y una coloración intermedias entre las de ambos progenitores. Apareando un F1 con una hembra de canario se obtiene un híbrido de segunda generación, R1 (antiguamente se le había atribuido la sigla F2, pero era imprecisa porque un F2 sería la descendencia entre dos F1, y se sabe que las hembras F1 son estériles). Apareando un R1 con una

idéntico a un canario, pero con la pigmentación roja, que puede ser transmitida a la prole, y con hembras fértiles, hecho imposible en los híbridos de las dos primeras generaciones y muy rara en los de tercera generación.

El cardenal de Venezuela y la búsqueda del color rojo

El cardenal de Venezuela, o *Spinus cucullatus*, ha tenido una intervención muy importante en la selección de los canarios actuales de factor rojo. En efecto, gracias a la hibridación con este pájaro originario de Sudamérica, se pudo introducir el color rojo en los canarios. En 1920, un criador alemán de Königsberg obtuvo los primeros híbridos del cruce de un cardenal y un canario. Diez años más tarde, una vez conocida la fertilidad de estos híbridos apareados de nuevo con hembras de canario, la cotización del cardenal subió muchos enteros. La cría de ejemplares de factor rojo con las

F1 de cardenal cruzado con rojo intenso (F1 significa híbrido de cardenal y canario)

EL CARDENAL DE VENEZUELA

El cardenal, *Spinus cucullatus* o *Carduelis cucullatus*, según la clasificación que se siga, es un carduélido de una talla aproximada de 10 cm, extraordinariamente vivaz y actualmente muy raro en estado natural (está incluido en el Apéndice I de la CITES). Presenta un dimorfismo sexual claro: el macho es de color rojo difuso en todo el cuerpo y tiene capucha negra en la cabeza y el cuello, alas negras y cola negra; la hembra tiene una coloración general bruno gris.

Es originario de la parte septentrional de Venezuela y vive entre los 300 y los 1.500 m de altitud, en praderas y zonas arbóreas. Es muy buen volador y se adapta fácilmente a regímenes alimentarios variados: semillas frescas o secas, flores, brotes frescos, algún insecto y bayas. En cautividad se ha criado mucho y con buenos resultados, hecho que resulta esperanzador para la supervivencia de la especie.

Primer plano de la coloración roja del pecho del cardenal de Venezuela: el rojo es un factor hereditario que el cardenal transmite a la descendencia, también a los híbridos nacidos del cruce con el canario

Cardenal de Venezuela macho colgado en los barrotes de la jaula

EL LUGANO DE CABEZA NEGRA Y LA BÚSQUEDA DEL COLOR VERDE

Para mejorar la calidad del verde y del amarillo en los canarios de factor amarillo se ha cruzado el lugano de cabeza negra *(Spinus magellanicus)* con el canario. Se ha procedido igual que en el caso del cardenal, y se ha logrado fijar en la descendencia una coloración verde-amarilla mucho más rica que la del canario amarillo de selección originaria.

Pareja de luganos de cabeza negra; el macho presenta una coloración más intensa que la hembra. El Spinus magellanicus *o* Carduelis magellanicus, *según la clasificación que se tome como referencia, es un pájaro ágil, reactivo y alegre; tiene una coloración base verde-amarilla, que varía en función de las subespecies*

CONVENCIÓN DE WASHINGTON (CITES)

Con el objetivo de remediar los graves daños causados por la caza y por el comercio de animales, varios países llegaron a un acuerdo para la salvaguardia del patrimonio natural, que fue formalizado en la Convención de Washington de 1973 o CITES *(Convention of International Trade with Endangered Species).*
El tratado tiene dos apéndices: en el primero están incluidos los animales en peligro de extinción, cuya captura, comercialización y tenencia están rigurosamente prohibidas; en el segundo figuran todos aquellos animales que pueden ser capturados, comercializados y criados, ateniéndose a unas reglas precisas y con los debidos permisos.

hembra de canario se obtiene un R2, y apareando un R2 con una hembra de canario tenemos un R3, un ejemplar de cuarta generación, que es un canario a todos los efectos, aunque ligeramente más pequeño. La hembra R1 raramente es fértil, y para obtener huevos fecunda-dos hay que esperar algunos casos esporádicos de hembras R2, en el segundo o tercer año de reproducción; el R3, en cambio, presenta una cantidad notable de hembras reproductoras; en esta generación se produce una aproximación al canario.

EVOLUCIÓN MODERNA DE LA RAZA Y LAS VARIEDADES DE COLOR

Los canarios de color actualmente han alcanzado un nivel de selección notable. Los tipos de creación más reciente todavía han de estabilizarse, en tanto que los más antiguos tienen un perfecto equilibrio.

Pero habida cuenta de que todos los canarios constituyen una única raza, se puede determinar una serie de normas y de criterios de juicio, válidos para todas las variedades, que se refieren al plumaje, las dimensiones, las proporciones, la forma y el porte.

En los criterios de juicio establecidos por la comisión internacional aparecen cuatro apartados:

— el plumaje, al que pueden asignarse hasta 20 puntos;
— las dimensiones, las proporciones y la forma, con una puntuación máxima de 15;
— el porte, al que es posible atribuir hasta 10 puntos;
— la impresión, criterio de juicio que tiene que ver con las condiciones de salud y limpieza del canario, a las que pueden asignarse hasta 5 puntos.

Gracias a la hibridación con el lugano de cabeza negra se logra mejorar la intensidad de las tonalidades verdes y amarillas de todos los canarios de factor amarillo y verde

Plumaje

El plumaje, constituido por las plumas, que recubren algunas partes del cuerpo y forman las alas y la cola, el plumón, que recubre todo el cuerpo con función de protección y termorregulación, y las filoplumas, debe presentarse completo, intacto, uniforme, liso, compacto, sedoso y brillante.

Las plumas largas y las que forman el plumón deben estar dispuestas de manera que se superpongan unas a otras casi como si fueran tejas.

Las alas y la cola deben ser compactas, unidas e intactas.

Los defectos que comportan penalización son:

— plumaje demasiado abundante en los flancos o descompuesto;
— plumón ciliar formando cejas demasiado altas o frondosas;
— abundancia de plumón que sobresale a través de la pluma, restando solidez al manto y creando un efecto excesivamente salpicado;
— plumaje demasiado corto, seco o escaso que produce un efecto de excesiva intensidad;
— muda todavía presente o falta de plumas por otros motivos;
— timoneras y rémiges no uniformes, habiendo sido mudadas unas y otras no;
— plumaje de la garganta y del pecho demasiado levantado, con efecto «corbata»;
— plumaje descompuesto en flancos, pecho y abdomen;
— plumaje muy descompuesto en el lomo con plumas que tienden a abrirse, denominado «lomo partido»;
— plumas de cobertura de la rabadilla demasiado largas y caídas a los lados, denominadas «plumas de gallo»;
— presencia de plumas rotas;
— cola en forma de abanico o cola de golondrina;
— rémiges no compactas y no uniformemente alineadas.

Dimensiones, proporciones y forma

Las características típicas del canario son las siguientes:

— talla entre 12,5 y 13,5 cm;
— cabeza redonda y ancha, con pico corto, cónico y ancho en la base;
— ojos vivos, brillantes y dispuestos en la prolongación imaginaria de cierre del pico;
— lomo ancho y lleno, que forma un bloque armonioso con las alas, apoyadas con naturalidad y simétricamente en la base de la cola;
— pecho con perfil ancho y redondo;
— tronco en armonía con el resto del cuerpo, fuerte y con el cuello bien insertado, que da al animal la característica expresión de elegancia y belleza;
— impresión general de buenas proporciones; extremidades robustas y sólidas, con dedos fuertes y seguros en la sujeción de la percha.

Se consideran defectos que comportan penalización:

— talla inferior o superior a la del estándar;
— cabeza plana o pequeña, o bien grande y desproporcionada respecto al resto del cuerpo;

VALORACIÓN DEL PLUMAJE (MÁX. 20 PUNTOS)		
Calificación	Características	Puntos de penalización
excelente	ningún defecto, plumaje completo tal como se indica en el estándar	1
buena	uno o dos defectos en un plumaje completo e intacto, pero no perfectamente uniforme, liso, compacto, sedoso y brillante	2-3
suficiente	tres o cuatro defectos en un plumaje descompuesto, efecto «corbata», plumas de gallo, cola en forma de abanico o de golondrina, una o dos plumas rotas, ciliares densos y abundantes	4
insuficiente	plumaje visiblemente descompuesto, corto, escaso, con varias plumas rotas, excesiva presencia de plumón, muda en curso, rémiges y timoneras no compactas	5-8

VALORACIÓN DE DIMENSIONES, FORMA Y PROPORCIONES (MÁX. 15 PUNTOS)		
Calificación	Características	Puntos de penalización
excelente	ningún defecto	1
buena	un solo defecto	2
suficiente	dos o tres defectos	3
insuficiente	varios defectos o parecido con otras razas de forma y posición, especialmente Gloster, Border y Norwich	4-6

— pico estrecho, largo o con las dos partes cruzadas;
— cuello demasiado estrecho, corto o largo (la cabeza queda fuera de las proporciones del conjunto);
— lomo curvo o lordósico;
— pecho demasiado prominente o demasiado plano;
— tronco excesivamente robusto o ligero;
— extremidades muy delgadas y largas, con muslos descubiertos, o bien demasiado cortas, con muslos hundidos en el plumaje.

Porte

El porte se refiere a un conjunto de características físicas de comportamiento del canario; se valora la forma del cuerpo en tanto que resultado de los condicionamientos de su carácter individual. La forma y el porte están interrelacionados, puesto que normalmente un canario de formas armoniosas y proporcionadas suele tener también un buen porte, digno y elegante, signo de adecuada vivacidad.

Canario satinado de bellas proporciones

El porte es muy importante; un ejemplar como este magnífico macho rojo mosaico, que denota vivacidad y atención, logrará con toda seguridad una puntuación mejor que otro ejemplar de igual calidad pero que se muestre menos vivaz y decidido, tanto en los movimientos, como en la sujeción en la percha

— el canario no debe mostrarse excesivamente tímido, apático o miedoso.

Los defectos imputables al porte, que afectan también a la forma, son los de la siguiente relación:

— alas bajas, al lado de los flancos, o cruzadas sobre el lomo o sobre la rabadilla;
— cola desviada de la línea ideal, bien porque está demasiado alta o bien demasiado baja;
— extremidades rectas, sin semiflexión de las rodillas;
— cabeza demasiado alta o demasiado baja.

VALORACIÓN DEL PORTE (MÁX. 10 PUNTOS)		
Calificación	Características	Puntos de penalización
excelente	ningún defecto	1
buena	un solo defecto	2
suficiente	dos o tres defectos	3
insuficiente	más de tres defectos	4-5

El parámetro que rige el juicio es que al estar el canario en parado, es decir, tranquilo en una percha, debe formar un ángulo de aproximadamente 45° con respecto a la percha, y el cuerpo y la cola han de estar alineados en una misma línea recta.

A título de ejemplo, si inscribiéramos la figura del canario en un cuadrado, la línea que une el cuerpo y la cola debería coincidir con una de las diagonales, concretamente con la que une el ángulo próximo a la cabeza con el ángulo más próximo a la cola.

Los defectos que pueden ser objeto de penalización tienen que ver con los dos factores mencionados anteriormente, referidos al carácter:

— el ejemplar no ha de ser demasiado inquieto o silvestre;

Cuando el canario está en la percha, la línea que une la cabeza con la cola forma un ángulo de 45° con respecto a la percha

Impresión

Este apartado del juicio se refiere a las condiciones de salud y de limpieza del canario.

Causa una buena impresión un ejemplar que no sólo es bonito de ver, sino que además está en perfecta forma y perfectamente cuidado. Son objeto de penalización:

— salud precaria;
— uñas largas;
— patas descamadas;
— lesiones o heridas;
— suciedad en el plumaje o las patas;
— poco cuidado por parte del criador.

El juez también ha de tener en cuenta la jaula de exposición en la que se encuentra el ejemplar y el tiempo que el animal ha pasado en ella antes del juicio. La puntuación en esta área no debe utilizarse para solucionar dudas de juicio en otros aspectos.

Valoración de la impresión (máx. 5 puntos)	
Calificación	Puntos de penalización
excelente	0
buena	1
suficiente	2
insuficiente	3

Canario ágata en una actitud que denota atención

LOS SIETE GRUPOS MODERNOS

La subdivisión moderna de los canarios de color reconoce siete grupos fundamentales:

— lipocromos;
— melánicos normales;
— melánicos pastel;
— melánicos ópalo;
— melánicos rubí;

— melánicos satinados;
— melánicos topacio.

En este capítulo se presentarán las características generales de cada uno de los grupos. En los siguientes capítulos se describirán con más profundidad todos los canarios de color, subdivididos en los siete grupos. Dado que las variedades de

Ejemplar de canario amarillo intenso; del grupo de los lipocromos, el canario amarillo es el más difundido

Un canario ágata de factor verde: un representante de melánico reducido

colores que se pueden obtener son más de trescientas, se tratarán los criterios válidos para todo un grupo, y se estudiarán con más detalle y con fichas los canarios de mayor difusión y más presentes en las muestras ornitológicas.

Lipocromos

En los canarios de color que han sufrido la inhibición total de las melaninas y que, por lo tanto, no presentan colores oscuros de origen proteico, el plumaje muestra sólo colores claros, de origen lipídico. Reciben el nombre de lipocromos (fondo claro).

Este grupo de canarios se divide en tres categorías:

— intenso;
— nevado;
— mosaico.

Naturalmente los canarios blancos constituyen una excepción, porque no pueden evidenciar las características que diferencian a las tres categorías.

Las variedades de canarios lipocromos reconocidas son:

— amarillo;
— rojo;
— marfil rosa;
— blanco coloreado;
— blanco.

Existen también ejemplares con factor «ino» y «satinado», que presentan los ojos rojos y en cuya denominación constan las siglas «oo.rr.», que significan ojos rojos.

Melánicos normales

Todos los canarios melánicos están caracterizados por la presencia más o menos acentuada de melaninas que, además de dar en distintas gradaciones una coloración oscura en el manto, contribuyen a formar un dibujo.

Dentro del grupo de los melánicos normales están, por una parte, los canarios de melaninas oxidadas:

— negro bruno (eumelanina negra + eumelanina bruna + feomelanina + oxidación en su máxima expresión y cantidad);
— bruno (eumelanina bruna + feomelanina + oxidación en su máxima expresión y cantidad);

Y, por otra parte, los de melaninas reducidas:

— ágata (eumelanina negra + eumelanina bruna + feomelanina, estas dos últimas reducidas o rarificadas);
— isabela (eumelanina bruna + feomelanina, ambas reducidas o rarificadas).

Melánicos pastel

Los canarios melánicos pastel presentan el segundo factor de reducción, que transforma la eumelanina negra en gris, y que reduce tanto la eumelanina bruna como la feomelanina.

En el nido, dos canarios bruno y uno bruno pastel, que ya muestra la coloración más clara, típica del segundo factor de dilución

Forman parte de este grupo los siguientes canarios:

— negro bruno pastel alas grises;
— bruno pastel;
— ágata pastel;
— isabela pastel.

Melánicos ópalo

El grupo de melánicos ópalo presenta el tercer factor de reducción, que actúa tanto en las eumelaninas como en la feomelanina, dando lugar a un efecto azulado en todo el cuerpo salvo en el pico, las patas y las uñas.
Son variedades de los melánicos ópalo los canarios:

— negro bruno ópalo;
— bruno ópalo;
— ágata ópalo;
— isabela ópalo.

Melánicos rubí

El primer factor de reducción junto al factor «ino» se manifiesta en los canarios melánicos rubí, que presentan la inhibición de la eumelanina negra y de la bruna, mientras que la feomelanina permanece inalterada en la parte terminal de las plumas y del plumón. Exceptuando los canarios negro bruno, también aparece el ojo rojo, signo del factor «ino», que también es el causante de la desaparición de la oxidación de pico, patas y uñas.
Los ejemplares de este grupo se subdividen en dos variedades:

— rubí oxidados;
— rubí reducidos.

Melánicos satinados

Son los canarios de color afectados por el quinto factor de reducción, que inhibe la eumelanina negra y la feomelanina, pero

CANARIOS DE COLOR: TIPOS Y VARIEDADES

NEGRO BRUNO – BRUNO – ÁGATA – ISABELA

Variedades lipocromas	TIPOS			
	Melaninas oxidadas (normales)		Melaninas reducidas (primer factor de reducción)	
	Serie negro bruno	Serie bruno	Serie ágata	Serie isabela
Amarillo	Verde	Bruno amarillo	Ágata amarillo	Isabela amarillo
Rojo	Bronce	Bruno rojo	Ágata rojo	Isabela rojo
Marfil	Oliva	Bruno marfil	Ágata marfil	Isabela marfil
Marfil rosa	Violeta	Bruno marfil rosa	Ágata marfil rosa	Isabela marfil rosa
Blanco coloreado	Pizarra coloreado	Bruno plateado coloreado	Ágata plateado coloreado	Isabela plateado coloreado
Blanco	Pizarra	Bruno plateado	Ágata plateado	Isabela plateado

PASTEL

Variedades lipocromas	TIPOS			
	Pastel (segundo factor de reducción)			
	Serie negro bruno	Serie bruno	Serie ágata	Serie isabela
Amarillo	Verde pastel	Bruno pastel amarillo	Ágata pastel amarillo	Isabela pastel amarillo
Rojo	Bronce pastel	Bruno pastel rojo	Ágata pastel rojo	Isabela pastel rojo
Marfil	Oliva pastel	Bruno pastel marfil	Ágata pastel marfil	Isabela pastel marfil
Marfil rosa	Violeta pastel	Bruno pastel marfil rosa	Ágata pastel marfil rosa	Isabela pastel marfil rosa
Blanco coloreado	Pizarra pastel coloreado	Bruno pastel plateado coloreado	Ágata pastel plateado coloreado	Isabela pastel plateado coloreado
Blanco	Pizarra pastel	Bruno pastel plateado	Ágata pastel plateado	Isabela pastel plateado

ÓPALO

Variedades lipocromas	ÓPALO (tercer factor de reducción)			
	Serie negro bruno	Serie bruno	Serie ágata	Serie isabela
Amarillo	Verde ópalo	Bruno ópalo amarillo	Ágata ópalo amarillo	Isabela ópalo amarillo
Rojo	Bronce ópalo	Bruno ópalo rojo	Ágata ópalo rojo	Isabela ópalo rojo
Marfil	Oliva ópalo	Bruno ópalo marfil	Ágata ópalo marfil	Isabela ópalo marfil
Marfil rosa	Violeta ópalo	Bruno ópalo marfil rosa	Ágata ópalo marfil rosa	Isabela ópalo marfil rosa
Blanco coloreado	Pizarra coloreado ópalo	Bruno ópalo plateado coloreado	Ágata ópalo plateado coloreado	Isabela ópalo plateado coloreado
Blanco	Pizarra ópalo	Bruno ópalo plateado	Ágata ópalo plateado	Isabela ópalo plateado

RUBÍ Y SATINADO

Variedades lipocromas	Rubí (cuarto factor de reducción)		Satinado (quinto factor de reducción)
	Serie oxidados	Serie reducidos	Serie única*
Amarillo	Rubí oxidado amarillo	Melánico oo.rr. amarillo	Satinado amarillo
Rojo	Rubí oxidado rojo	Melánico oo.rr. rojo	Satinado rojo
Marfil	Rubí oxidado marfil	Melánico oo.rr. marfil	Satinado marfil
Marfil rosa	Rubí oxidado marfil rosa	Melánico oo.rr. marfil rosa	Satinado marfil rosa
Blanco coloreado	Rubí oxidado plateado coloreado	Melánico oo.rr. blanco coloreado	Satinado blanco coloreado
Blanco	Rubí oxidado plateado	Melánico oo.rr. blanco	Satinado blanco

* Forman parte de los tipos bruno e isabela.

TOPACIO

Variedades lipocromas	Topacio (sexto factor de reducción)	
	Serie negro bruno	Serie ágata
Amarillo	Verde topacio	Ágata topacio amarillo
Rojo	Bronce topacio	Ágata topacio rojo
Marfil	Oliva topacio	Ágata topacio marfil
Marfil rosa	Violeta topacio	Ágata topacio marfil rosa
Blanco coloreado	Pizarra coloreado topacio	Ágata topacio plateado coloreado
Blanco	Pizarra topacio	Ágata topacio plateado

no la eumelanina bruna, modificada en beige. Los satinados tienen los ojos rojos.

Melánicos topacio

El sexto factor de reducción actúa modificando las eumelaninas y la feomelanina, con efectos también, por un lado, en el pico, las patas y las uñas, que se vuelven parduscos en los canarios negro bruno y color carne en los canarios ágata, y, por otro lado, en los ojos, que sufren despigmentación.

Los canarios afectados se denominan topacio.

CANARIOS LIPOCROMOS

En el fenotipo de los canarios lipocromos la inhibición de las melaninas es total, por lo que el manto presenta sólo colores claros. Se juzgan según la categoría y la variedad (hasta 30 y 20 puntos respectivamente).

Categoría

Las categorías reconocidas son:

— intenso;
— nevado;
— mosaico.

Macho rojo mosaico, una de las variedades más difundidas y apreciadas

Canario rojo intenso de ala coloreada

Intenso

Características típicas. Ausencia total de nieve en todo el plumaje. El pigmento lipocromo está localizado en el ápice de cada pluma, que se presenta bastante estrecha. Hasta hace poco, existía una disparidad de pareceres respecto a la coloración de las alas: había aficionados que apreciaban los ejemplares con alas blancas, lo cual contradecía el criterio adoptado en los certámenes internacionales, donde se prefieren los de alas rojas.

Canario rojo intenso de ala blanca

VALORACIÓN DE LA CATEGORÍA INTENSO (MÁX. 30 PUNTOS)		
Calificación	*Defectos*	*Puntos de penalización*
excelente	ningún efecto nieve en todo el plumaje	1-2
buena	ligero y casi imperceptible efecto nieve limitado al lomo	3-4
suficiente	efecto nieve, aunque limitado, que afecta a las diversas partes del plumaje, lomo, mejillas, collar, flancos, rabadilla y cloaca; la propia entidad del defecto permite definir la categoría	5-6
insuficiente	evidente efecto nieve extendido por todo el plumaje en ejemplares que tienden a la categoría de los nevados	7-12

Nevado

Características típicas. Nieve de tamaño medio, distribuida uniformemente. El lipocromo se encuentra localizado en la parte central de cada pluma, que se presenta de tamaño mediano.

Un ejemplar rojo nevado que evidencia perfectamente el efecto nieve

VALORACIÓN DE LA CATEGORÍA NEVADO (MÁX. 30 PUNTOS)		
Calificación	*Defectos*	*Puntos de penalización*
excelente	nevado de tamaño mediano distribuido uniformemente por todo el plumaje	1-2
buena	nevado de tamaño mediano, pero con tendencia a volverse más denso en el lomo y el collar	3-4
suficiente	nevado superior o inferior a la media, pero suficiente para definir la categoría	5-6
insuficiente	nevado claramente superior o inferior a la media, en ejemplares que tienden a las categorías mosaico o intenso	7-12

Mosaico

En estos canarios, el lipocromo, sin nieve, afecta sólo a determinadas partes del plumaje, llamadas «zonas de elección» (frente, pecho, hombros y rabadilla), que constituyen una característica dimórfica que se manifiesta de forma distinta en los machos y en las hembras.

Características típicas del macho
• La máscara facial bien delimitada debe abarcar la frente, las zonas periorbitales, los pómulos y la barbilla, extendiéndose más allá del ángulo posterior del ojo, en donde se cierra el triángulo.
• El pecho debe tener una coloración bien jaspeada, en forma de triángulo invertido, que ha de interrumpirse a la altura del abdomen, con una línea de demarcación neta y clara.
• Una franja sin pigmento, de 10-11 mm de anchura, separará la zona pigmentada del mentón de la del pecho.
• El lipocromo no tiene que afectar ni a los costados ni a los muslos, y en cambio se extiende a las coberteras, pero sin llegar al centro del lomo.

• Los hombros, bastante extendidos, han de ser bien visibles y estar intensamente coloreados por el lipocromo.
• La rabadilla es de color intenso; el lipocromo tiene que asomar simétricamente por debajo de las rémiges cuando las alas están cerradas y bien pegadas al cuerpo del ave.

Características típicas de la hembra
• El lipocromo de la cabeza debe observarse en la región mediana posterior del ojo, englobando el arco de la ceja sin unirse en la frente ni alargarse hacia la nuca y las mejillas.
• En el pecho tiene que apreciarse una delicada presencia de lipocromo; esta coloración no tiene que extenderse ni a la garganta, ni al abdomen, ni a los flancos.
• Los hombros, suficientemente extendidos, tienen que ser visibles e intensamente coloreados.
• La rabadilla tiene que aparecer intensamente coloreada, con las alas cerradas y pegadas al cuerpo; el lipocromo no debe asomar en ningún caso por debajo de las alas.

VALORACIÓN DEL MACHO DE LA CATEGORÍA MOSAICO (MÁX. 30 PUNTOS)		
Calificación	*Defectos*	*Puntos de penalización*
excelente	se observan todas las características típicas: máscara facial de dimensiones correctas y bien delimitada, zonas de elección claramente diferenciadas, lipocromo intenso	1-2
buena	lipocromo en collar, mejillas, flancos, muslos y abdomen; leves indicios de nevado en la rabadilla	3-4
suficiente	zonas de elección bastante restringidas, máscara con tendencia a fragmentarse, o bien excesivamente extensa hasta unirse con la coloración del pecho y del lomo; ligera presencia de lipocromo en las mejillas, en los flancos, en los muslos y en el abdomen; nieve ligera en los hombros y muy apreciable en la rabadilla	5-6
insuficiente	máscara fragmentada, carencia de mentón en ejemplares que tienden a la categoría de los nevados, con zonas de elección excesivamente restringidas o extendidas, con evidente presencia de lipocromo en mejillas, collar, lomo, pecho, flancos y muslos	7-12

Una espléndida nidada de tres semanas: los jóvenes canarios rojo mosaico no adoptan la coloración típica hasta después de la muda; hasta entonces son de color amarillo naranja claro y no presentan dimorfismo sexual

Valoración de la hembra de la categoría mosaico (máx. **30 puntos**)		
Calificación	*Defectos*	*Puntos de penalización*
excelente	zonas de elección con ausencia de nieve, netas y bien diferenciadas; el resto del plumaje tiene que resultar absolutamente carente de lipocromo	1-2
buena	al quedarse el lomo sin coloración, se consideran buenos los ejemplares con una mayor extensión de la pigmentación; ligeros indicios de nieve en la rabadilla	3-4
suficiente	zonas de elección demasiado extendidas o restringidas, coloración lipocroma en las mejillas, el lomo, el pecho, los costados, los muslos, el abdomen y las rémiges secundarias y primarias; ligera nieve en los hombros y evidente en la rabadilla	5-6
insuficiente	falta de coloreados lipocromos en las zonas periorbitales, ciliares y en el centro del pecho; zonas de elección excesivamente pobres o demasiado extendidas, con evidente presencia de lipocromo en frente, mejillas, collar, lomo, pecho, flanco, muslos y abdomen	7-12

Variedades reconocidas

Las variedades de canario mosaico reconocidas son:

— máxima expresión: amarillo, rojo;
— dilución: marfil, marfil rosa;
— inhibición parcial: blanco coloreado;
— inhibición total: blanco.

Amarillo y rojo

En estas dos variedades se toma en consideración el lipocromo que presentan las zonas del plumaje implicadas, teniendo en cuenta:

— el grado de pureza;
— el contenido cuantitativo;
— la uniformidad.

Características típicas. Pureza perfecta del lipocromo, acompañada de una máxima expresión y de una total uniformidad. La variedad amarilla tiene que ser de tonalidad limón; los amarillos dorados deben considerarse insuficientes. La variedad roja, en cambio, debe ser de tonos rojo bermejo.

Un ejemplar amarillo nevado

VALORACIÓN DE LA VARIEDAD AMARILLO Y ROJO (MÁX. 20 PUNTOS)		
Calificación	*Defectos*	*Puntos de penalización*
excelente	pureza del color; perfecta uniformidad y contenido cuantitativo constante en las zonas implicadas	1
buena	notable pureza, buena uniformidad y cantidad lipocroma	2-3
suficiente	impurezas de color casi inexistentes; amarillo ligeramente influido por el rojo o viceversa; rojo con tendencia al naranja o al violeta	4
insuficiente	clara influencia recíproca entre los dos colores lipocromos de base; zonas diversamente coloreadas con claros en algunas y concentraciones más elevadas en otras; expresión lipocroma escasa, que tiende al marfil o al marfil rosa	5-8

Marfil y marfil rosa

Para estas dos variedades del lipocromo que presenta el ejemplar se deben analizar:

— el grado de pureza;
— la dilución;
— la homogeneidad;
— la uniformidad.

Características típicas. El lipocromo, perfectamente puro, debe estar acompañado de una máxima dilución y homogeneidad, y de una perfecta uniformidad.

Un magnífico ejemplar marfil rosa en una actitud que denota atención

VALORACIÓN DE LA VARIEDAD MARFIL Y MARFIL ROSA (MÁX. 20 PUNTOS)		
Calificación	Defectos	Puntos de penalización
excelente	pureza del color, máxima dilución y homogeneidad en todo el plumaje; máxima uniformidad y valor cuantitativo en todas las zonas implicadas	1
buena	notable pureza lipocroma; buena dilución, homogeneidad y uniformidad de color	2-3
suficiente	impurezas casi imperceptibles, escasa dilución con tendencia al amarillo o al rojo; uniformidad imperfecta	4
insuficiente	interferencia manifiesta entre los dos colores de base con escasa dilución y homogeneidad; clara tendencia a las variedades amarillo o rojo; escasa expresión lipocroma que tiende al blanco	5-8

Blanco coloreado

En esta variedad el factor de inhibición parcial ha borrado las muestras de lipocromo.

Características típicas. El plumaje presenta una reducida pero evidente coloración lipocroma, típica de la variedad, localizada sólo en el margen externo de las rémiges.

En los blancos se sigue un criterio que establece una única calificación por categoría y variedad.

Blanco

El factor de inhibición total ha borrado del plumaje del canario cualquier señal de lipocromo.

Además de los blancos recesivos, pertenecen a este grupo también los blancos de herencia marfil o marfil rosa que, por escasez de lipocromo, son fenotípicamente idénticos a los recesivos.

Ejemplar blanco coloreado; recordemos que en el blanco el carácter dominante es letal, lo que significa que la unión de dos ejemplares dominantes no da casi nunca descendencia viva

VALORACIÓN DE LA VARIEDAD BLANCO COLOREADO (MÁX. 20 PUNTOS)		
Calificación	Defectos	Puntos de penalización
excelente	ausencia de coloraciones lipocromas en el plumaje, y coloraciones reducidas en el margen externo de las rémiges	4
buena	extensas coloraciones lipocromas, aunque de notable pureza, sólo en las rémiges	5-6
suficiente	notable extensión de las coloraciones lipocromas en rémiges y timoneras; ligera coloración en los hombros; impurezas de color casi imperceptibles	7-8
insuficiente	notable extensión de las coloraciones en las rémiges, las timoneras, los hombros y la rabadilla; en las coloraciones, clara influencia recíproca de los lipocromos de base	9-20

Lipocromos de factor «ino» y satinado

Todos los canarios lipocromos que están afectados por el factor «ino» y satinado tienen los ojos de color rojo y responden a los mismos criterios de calificación con que son juzgados los demás canarios lipocromos. Para indicar la característica que afecta a los ojos de estos lipocromos se hace seguir la anotación «ojos rojos» (oo.rr.). La despigmentación del ojo no influye en la calificación; si no presenta un rojo evidente, el canario debe juzgarse como un lipocromo normal.

Variedades más criadas

Amarillo

El canario amarillo se presenta en las tres categorías —intenso, nevado y mosaico—. Los intensos y los nevados figuran entre los canarios más criados y difundidos. Como ya se ha dicho, el color amarillo constituye la primera mutación con respecto al canario silvestre. En las categorías intenso y nevado, esta variedad se selecciona desde el siglo XVII en Alemania, mientras que la categoría mosaico es más reciente. En estos canarios se observa una completa desaparición de las melaninas del plumaje, que se presenta amarillo con plumón blanco; el color oscuro del ojo contrasta con el color carne del pico y las patas.

La coloración varía del amarillo pajizo al dorado, del amarillo maíz al amarillo limón; esta última es la coloración preferible y la que más se ciñe al estándar, hasta el punto de que el dorado y los colores desvaídos se consideran defectos penalizables en las calificaciones de las muestras. Sin embargo, se trata de defectos que no excluyen de la reproducción a los ejemplares si la forma, el porte y las proporciones se ajustan perfectamente a la norma. Un ejemplar «cargado» de color, cruzado con un ejemplar de pigmentación un poco deficitaria, puede dar una prole magnífica.

En el canario amarillo, el nivel de selección no es muy elevado con respecto al número de ejemplares criados; el amarillo es una variedad muy difundida entre los principiantes, que a veces propician uniones no demasiado estudiadas, y producen así ejemplares fuera del estándar por forma y color; generalmente estos ejemplares acaban siendo vendidos en los mercados y, si bien son buenos animales de compañía, carecen de valor para la cría. Sería deseable que incluso las personas que crían por afición una sola pareja en casa se informaran mejor sobre sus canarios en el momento de efectuar la compra y configuraran parejas bien elegidas, para generar únicamente descendencia seleccionada, acorde con las exigencias del estándar.

Amarillo intenso

El plumaje de este canario ha de ser compacto, de color amarillo limón, ni desvaído ni dorado, con timoneras y rémiges claras.

Para obtener buenos ejemplares de este tipo se aparean amarillos intensos y amarillos nevados, y la prole aparece dividida a partes iguales entre intensos y nevados; apareando amarillos intensos y blancos también se pueden obtener magníficos ejemplares amarillo intenso, además de ejemplares blancos y amarillo nevado; esto es debido al hecho de que el amarillo intenso, el amarillo nieve y el blanco pueden ser portadores del factor amarillo.

Ejemplar amarillo intenso

Amarillo nevado

Este canario presenta un plumaje de color amarillo limón con un típico efecto nieve debido a que el lipocromo está localizado en la parte central de cada pluma, y se presenta uniforme.

Para lograr ejemplares amarillo nevado se aparean amarillo nevado y amarillo intenso; con un apareamiento amarillo nevado y blanco también se generan excelentes ejemplares amarillo nevado. Hay criadores que buscan el efecto nieve mediante el apareamiento de ejemplares amarillo intenso, amarillo nevado y blancos con ejemplares amarillo mosaico.

Amarillo mosaico

El amarillo mosaico presenta un claro dimorfismo sexual: el macho tiene un plumaje de base blanco con máscara amarillo limón, hombros, parte central del pecho y rabadilla coloreados; la hembra, en cambio, presenta una ausencia casi total de máscara, una coloración más contenida de los hombros y un ligero coloreado en el pecho y en la rabadilla. Los ejemplares se obtienen cruzando mosaico y mosaico o portador de mosaico y mosaico.

Amarillo mosaico hembra

Amarillo mosaico macho

Amarillo mosaico

Rojo

La variedad rojo se presenta en las tres categorías —intenso, nevado y mosaico—, y es uno de los tipos de canario más queridos y que goza de mayor difusión, que se ha seleccionado más y que hoy en día tiene un mayor éxito.

La coloración roja, como ya hemos visto, deriva de la hibridación del cardenal de Venezuela con el canario, y tuvo su origen en Alemania en las postrimerías del siglo XIX. Su época de mayor expansión coincide con los últimos treinta años. Igual que en el caso del amarillo, en el rojo se han desarrollado más las categorías intenso y nevado que la mosaico, que, sin embargo, en estos últimos años, está recuperando el terreno perdido, hasta el punto de que hoy en día es quizás el canario de factor rojo más criado. Probablemente la particular coloración roja y la posibilidad de hacerla cada vez mejor han determinado el éxito de esta variedad, no sólo entre los ornicultores, sino también entre los estudiosos dedicados a la genética. Por otro lado, la posibilidad de mejorar la coloración de forma artificial por medio de la utilización de carotenoides, ha dado pie a un debate que se inició en los años sesenta y que todavía no ha finalizado.

La pigmentación varía del naranja al rojo y, gracias a la introducción de colorantes en la alimentación, durante la muda los canarios adquieren el típico rojo, indispensable para lograr buenos resultados en las exposiciones.

En los canarios rojos el plumón es blanco, los ojos son oscuros y las patas y el pico son de color carne, aunque a menudo en los ejemplares que ya son coloreados en el momento de la eclosión se observa un color de patas más rosado. En cambio, los ejemplares coloreados en la muda, en el primer año, cuando se presentan en las exposiciones, tienen las timoneras y las rémiges claras; los rojos de nacimiento, por el contrario, presentan ambos tipos de plumas ya coloreadas. Mientras hasta hace pocos años se preferían los ejemplares «de ala blanca», en la actualidad se valoran más los «de ala roja». La coloración de las timoneras y de las rémiges no es, sin embargo, roja como el resto del plumaje, sino de un color amarillo naranja más o menos intenso según los ejemplares y la coloración artificial.

Rojo intenso

El plumaje de este canario es rojo homogéneo, compacto, sin desvaídos; se prefieren las rémiges y las timoneras amarillas, pero también se admiten blancas.

Canario rojo intenso

CUIDADO CON LOS COLORANTES

Los colorantes deben administrarse con las debidas precauciones. Aunque sean sustancias naturales, como la cantaxantina y el betacaroteno, pueden perjudicar la salud del animal si se emplean en dosis excesivas. A los principiantes se les suele aconsejar el uso de pastas para canarios ya precoloradas, que muchos fabricantes tienen en sus gamas de productos.

Las rémiges blancas se obtienen cuando el ejemplar no es coloreado desde la eclosión, sino a partir de la muda. Años atrás se preferían los ejemplares «de ala blanca», pero en la actualidad se tiende a elegir los «de ala coloreada», si bien tal preferencia no incide en la calificación. El mejor cruce para obtener rojos intensos de buena calidad es intenso con nevado.

Rojo nevado
El canario rojo con el lipocromo sólo en la parte central de la pluma presenta el típico efecto nieve, que ha de ser homogéneo en todo el cuerpo. Los mejores ejemplares se obtienen cruzando nevado con intenso.

Rojo mosaico
Al igual que el amarillo mosaico, esta variedad también se caracteriza por un claro dimorfismo sexual; la selección está bastante evolucionada, porque en comparación con el amarillo mosaico la cría está mucho más extendida. La búsqueda de ejemplares machos, que tengan cada vez más color en los puntos correspondientes, y la búsqueda de hembras cada vez

con más tendencia al blanco y que presenten el rojo rosa en pocos puntos y muy delimitados, han hecho que los ornicultores definieran dos tipologías de cruce; para obtener buenos machos se cruza un macho con máscara muy marcada, hombros anchos, abundante color en el pecho y rabadilla bien coloreada, con una hembra ligeramente más coloreada de lo debido, que presente un indicio de máscara, color en el pecho y hombros visibles.

Para obtener buenas hembras, en cambio, se elige un macho con máscara menos marcada, coloración roja en el pecho no tan intensa, hombros menos marcados, y se cruza con una hembra que se ajuste perfectamente al estándar o incluso un poco subcoloreada, en la que apenas se logre apreciar la categoría mosaico y con la base del plumaje pálida.

En el primer caso la descendencia masculina muestra un color correcto, mientras que la femenina se presenta excesivamente cargada de color; en el segundo caso, en cambio, las hembras salen perfectas y a los machos les falta color.

La búsqueda del rojo en el canario rojo mosaico continúa pasando por la hibridación con el cardenal: en la tercera ge-

Ejemplar rojo nevado

Macho rojo mosaico

neración (R2) se puede ver aparecer nuevamente las características del canario rojo o mosaico, aunque enriquecidas de coloración roja, heredada del cardenal.

Un ejemplar rojo mosaico en una posición algo comprometida

Hembra rojo mosaico

Macho rojo mosaico para la producción de machos

R2 de R1 rojo mosaico cruzado con un rojo hijo de un híbrido cardenal y un rojo

Blanco coloreado y blanco

El blanco coloreado y el blanco son totalmente idénticos, excepto en un pequeñí-
simo detalle constituido por unos reflejos casi imperceptibles en las rémiges de
las alas del blanco coloreado. Hay quien
sostiene que en los canarios blancos no
existe la categoría mosaico, mientras que
la nevado sí, porque se encuentran canarios con una riqueza de plumaje que res-
ta al blanco el esplendor típico y le confiere una apariencia de nieve.

El color es siempre un blanco perfecto,
que se ensucia solamente con la contaminación del aire. Todos los blancos tienen pico y patas de color carne claro y
ojos oscuros que contrastan con el cándi-
do plumaje.

El blanco coloreado es un carácter dominante, en tanto que el blanco es recesivo, y esto deberá ser tenido en cuenta
para los apareamientos. Un blanco dominante no debe cruzarse nunca con
otro dominante, porque es una unión letal que nunca da prole viva. El blanco dominante siempre se cruza con un blanco
recesivo, o con un amarillo, nevado o intenso. El blanco recesivo, además de poder cruzarse con el blanco dominante,
puede aparearse con amarillos hijos de
blanco dominante y amarillo.

En las muestras ornitológicas los criterios de calificación de los blancos tienen

Canario blanco coloreado

Canario blanco expuesto en una muestra ornitológica de carácter nacional

en cuenta principalmente la pureza del color, la talla y las condiciones de forma, especialmente de la limpieza.

La mutación blanca ha sido una de las primeras en obtenerse después de la amarilla, y se remonta a finales del siglo XVII, principios del XVIII, época en la que se crearon las primeras cepas estables en Alemania.

La selección de ejemplares de este canario es muy frecuente y en la actualidad se puede considerar una variedad fijada, sin dificultades en la reproducción. Por lo tanto, es un canario que se puede aconsejar al aficionado que se inicia en la cría, con la condición de que no intente experimentar por su cuenta y respete los cru-

Canario marfil mosaico; distinguir la categoría no es fácil ni tan siquiera para los expertos

ces básicos, blanco y amarillo nevado o blanco y amarillo mosaico. De este modo se obtienen buenos ejemplares blancos y amarillo nevado y alguna hembra interesante amarillo mosaico.

Marfil y marfil rosa

El marfil y el marfil rosa se seleccionaron hacia los años sesenta del siglo XX en todos los países europeos, en un momento en que los organismos ornitológicos estaban sólidamente organizados y había unas directrices de cría comunes. El marfil es el único factor de dilución de los lipocromos y hace que el color amarillo tienda al crema. Con el paso de las mudas tal coloración tiende a intensificarse hasta un color amarillento, y el color rojo hacia un rosado brillante.

En el marfil es muy difícil distinguir las tres categorías —intenso, nevado y mosaico— a causa de la coloración tenue del plumaje.

En cambio, en el marfil rosa al menos la categoría es fácil de determinar porque el ala presenta rémiges amarillas y a menudo dicho color aparece también en las timoneras.

En ambos canarios el plumón es blanco, las patas y el pico de color carne y los ojos oscuros.

Para obtener buenos ejemplares marfil hay que cruzar canarios marfil con canarios portadores; el marfil apareado con el blanco coloreado genera ejemplares marfil y blancos. En estos últimos el fac-

Ejemplar marfil rosa nevado

Ejemplar marfil rosa intenso

tor marfil anula los efectos amarillos en las alas y hace que parezcan recesivos, cuando en realidad son dominantes; cruzado con el rojo origina el marfil rosa. Para obtener ejemplares marfil rosa conviene cruzar siempre marfil rosa y portadores de marfil rosa; el marfil cruzado con el bronce origina el violeta, mientras que con el verde da el verde oliva. Los canarios marfil se crían mucho, así como los marfil rosa, que sin embargo estaban más difundidos años atrás.

Canarios melánicos normales

Los canarios de color melánicos (fondo oscuro) se juzgan por tipo, categoría y variedad. Por lo que se refiere a la categoría y a la variedad, son válidos los mismos criterios adoptados para los lipocromos, y los puntos son 15 por la categoría y 10 por la variedad. La valoración del tipo se realiza observando la perfección del dibujo del plumaje y dispone de un máximo de 25 puntos.

Tipos

Negro bruno

> *Verde, bronce, oliva, violeta, pizarra coloreado, pizarra*

Características típicas. El dibujo ha de tener la máxima expresión y ser central, largo, ancho y neto, un poco más restringido en los intensos. El dibujo está formado por eumelanina negra, indicios de eumelanina bruna y feomelanina que, localizada en el exterior, determina la pátina de fondo, además de la máxima oxidación que afecta a pico, patas y uñas, que resultan completamente impregnados de negro oxidado. En consecuencia, en estos canarios el lipocromo aparece más oscuro. El dibujo está determinado por cuatro elementos característicos:

En este ejemplar verde intenso del tipo negro bruno se aprecia el dibujo característico

• Estrías: constituidas principalmente por pigmento negro, se distribuyen por las plumas de la cabeza, del lomo, del pecho y de los costados, formando múltiples líneas especialmente en lomo y flancos.
• Vetas: afectan a las coberteras terciarias, son casi completamente negras, ex-

ceptuando el borde ligeramente pigmentado de lipocromo; tienen forma de grandes comas con la punta girada hacia el lomo.

• Marcas: se manifiestan en el raquis y en las puntas de las plumas principales, rémiges y timoneras, marcadas de negro.

• Bigotes: son unas marcas, típicas del Serinus, situadas en los lados de las mandíbulas y más visibles en los machos.

Las hembras, debido al dimorfismo sexual, poseen más pigmento melanínico bruno. Por ello presentan un dibujo más amplio en los flancos, pero menos nítido y que se extiende, de forma marginal, hasta el pecho.

Ejemplar pizarra

Pequeños canarios del tipo bronce de una semana: ya se aprecia el fondo oscuro, característica peculiar del tipo junto al dibujo

VALORACIÓN DEL TIPO NEGRO BRUNO (MÁX. 25 PUNTOS)		
Calificación	Defectos	Puntos de penalización
excelente	máxima oxidación del negro y del bruno referida tanto al plumaje como a las plumas principales, con raquis y ápices fuertemente marcados de negro; dibujo largo y ancho, ligeramente más reducido en los intensos, neto, simétrico y bien marcado; oxidación del bruno completa y uniforme	1-2
buena	buena oxidación del negro y del bruno, completa y uniforme; pico, patas y uñas de color negro, ligeramente menos oxidado	3
suficiente	oxidación satisfactoria del negro en las marcas e incompleta del bruno; dibujo confuso del lomo y falta de simetría en los costados; pico, patas y uñas un poco oxidadas pero capaces de determinar todavía el tipo	4-5
insuficiente	mala oxidación del negro y del bruno; dibujo dorsal muy confuso; inexistencia de estrías en los costados; pico, patas y uñas carentes de oxidación	6-10

Bruno

Bruno amarillo, bruno rojo, bruno marfil, bruno marfil rosa, bruno plateado coloreado, bruno plateado

Características típicas. Conformación del dibujo sustancialmente idéntica a la del tipo negro bruno, constituido por eumelanina negra transformada en bruna y por feomelanina, que determina la característica pátina de fondo abundantemente difundida por todo el plumaje. Naturalmente, estrías, vetas, marcas y bigotes son de tonalidad bruno oxidado. Las estrías cabeza-lomo parten de la cabeza, pasan por la parte superior del lomo y se extienden hasta las coberteras grandes. Las estrías de los costados han de ser simétricas, bien marcadas y de la misma tonalidad melánica que el lomo y la cabeza, sin presentar claros. El pico, las patas y las uñas son de color bruno oxidado. Las hembras, por un fenómeno de dimorfis-

Canario bruno amarillo mosaico

mo sexual, poseen más pigmento melánico y presentan un dibujo más extendido, en particular en los costados, pero menos neto y que se extiende marginalmente hasta el pecho. Por lo tanto, en estos canarios el lipocromo se ve más intenso.

VALORACIÓN DEL TIPO BRUNO (MÁX. 25 PUNTOS)		
Calificación	**Defectos**	**Puntos de penalización**
excelente	máxima intensidad y tonalidades melánicas uniformes; estrías brunas continuas en el lomo; estrías en los costados bien marcadas y simétricas; oxidación completa de los costados con la misma tonalidad que el lomo y la cabeza; pico, patas y uñas bruno oxidado	1-2
buena	intensidad y tonalidad melánica uniformemente buena; estrías continuas en el lomo; estrías en los costados simétricas, de media tonalidad; ausencia de reducción melánica	3
suficiente	intensidad y tonalidad melánica mediocres, aunque suficientes como para caracterizar el tipo; uniformidad interrumpida por ligeros claros; estrías visibles pero no simétricas en los costados; mínimas reducciones en los costados; ligeras señales de reducción melánica en los bordes de las plumas rémiges y timoneras	4-5
insuficiente	intensidad y tonalidad melánica defectuosa; estrías dorsales interrumpidas y confusas; dibujo apenas perceptible o casi inexistente; atenuación del dibujo en ejemplares que, sin embargo, presentan una excelente oxidación del bruno; falta de estrías en los costados, que además presentan claros	6-10

Ágata

> *Ágata amarillo, ágata rojo, ágata marfil, ágata marfil rosa, ágata plateado coloreado, ágata plateado*

Características típicas. El tipo ágata se caracteriza por la reducción o rarificación de la eumelanina bruna y de la feomelanina en tal medida que, en algunos casos excepcionales, se produce casi su inhibición. Debido a tales reducciones, el ágata presenta una neta concentración del negro y una notable reducción del bruno, así como un amplio contorno gris perla en las plumas principales; bigotes muy evidentes constituidos por pigmento negro, estrías en el lomo y en los costados separadas y en forma de grano de avena de unos 7-8 mm de largo y 2 mm de ancho; las estrías en los costados deben ser simétricas. Las cejas, sin melanina, presentan el máximo grado de pureza y de concentración de los lipocromos que posee el ejemplar. El pico —sin grietas de color gris—, las patas, los pies y las uñas son de color carne.

Ejemplar ágata rojo mosaico macho

VALORACIÓN DEL TIPO ÁGATA (MÁX. 25 PUNTOS)		
Calificación	Defectos	Puntos de penalización
excelente	máxima reducción del bruno y máxima concentración del negro, contorno claro y vistoso en todas las plumas; estrías del lomo y de los costados fragmentadas y en forma de grano de avena; bigotes negros y bien marcados; abundante zona supraciliar carente de melanina	1-2
buena	estrías simétricas y de dimensiones medianas en el lomo y en los costados; contorno claro; bigotes pronunciados; zona supraciliar carente de melanina un tanto restringida	3
suficiente	estrías del lomo y de los costados excesivamente largas; bigotes poco pronunciados; zona supraciliar oscurecida por la melanina	4-5
insuficiente	escasa reducción del bruno con tonalidades globales de color avellana; estrías largas, no interrumpidas o escasamente marcadas o asimétricas en los costados; ausencia de bigotes; zona supraciliar poco evidente a causa de la abundancia de melanina	6-10

Isabela

Isabela amarillo, isabela rojo,
isabela marfil, isabela marfil rosa,
isabela marfil coloreado,
isabela plateado

Características típicas. El tipo isabela tiene el plumaje constituido por eumelanina bruna y feomelanina fuertemente reducida.

La reducción ha de ser uniforme y constante en todo el plumaje, sin claros en los costados, en el contorno de las rémiges y de las timoneras.

El lomo presenta un dibujo nítido y ligero con estrías parecidas a las del tipo ágata, no más largas de 7-8 mm, ni más anchas de 2 mm; las estrías de los costados están bien trazadas.

Hay poca pigmentación del ojo, que es rojizo.

Hembra isabela rojo mosaico

VALORACIÓN DEL TIPO ISABELA (MÁX. 25 PUNTOS)		
Calificación	Defectos	Puntos de penalización
excelente	máxima reducción del bruno; dibujo nítido y ligero, uniforme y bien distribuido en todo el plumaje	1-2
buena	media reducción melánica; dibujo dorsal apenas marcado	3
suficiente	escasa reducción melánica con zonas más o menos reducidas; dibujo dorsal marcado; estrías en los costados demasiado evidentes o apenas visibles	4-5
insuficiente	reducción melánica muy escasa; dibujo demasiado evidente e intenso; contraposición de zonas con reducción diferente; costados inexistentes	6-10

Variedades más criadas

Bronce

Dentro del grupo de los canarios negro bruno, el bronce, es decir, el negro bruno de factor rojo, es sin lugar a dudas el canario que más se cría. Se empezó a seleccionar a partir de finales del siglo XIX en Alemania y ha tenido continuas influencias del rojo gracias a la hibridación con el cardenal de Venezuela. La tendencia actual prefiere los ejemplares en los que el efecto bruno está reducido al máximo y los que tienden más al negro azul. El negro bruno es objeto de controversia; esta desembocará en una redefinición del color, que pasará a llamarse simple-

Hembra bronce mosaico

Macho bronce mosaico

Macho bronce mosaico sujetado de forma que se ponga de relieve el dibujo característico del tipo negro bruno

mente negro. El bronce se presenta en las tres categorías (intenso, nevado y mosaico) y su característica principal es el dibujo negro sobre fondo rojo, muy evidente en los intensos y mucho menos en los nevados y los mosaicos. El bronce es un canario muy fácil de criar, aunque es difícil obtener ejemplares de calidad notable. Los cruces son siempre intenso con nevado y mosaico con mosaico. Con frecuencia se usa el bronce para mejorar la definición del dibujo de los bruno rojo.

Bronce intenso
Debajo del dibujo negro se aprecia la coloración roja, que ha de ser homogénea; las patas y el pico son negros, los ojos también son oscuros; el plumaje es gris oscuro.

Bronce nevado
Presenta el mismo dibujo que el intenso y también las otras características típicas, pero una coloración más tenue debido a la nieve. A causa de la difusión del dibujo no es fácil para el principiante distinguir a primera vista el intenso y el nevado.

Bronce mosaico
El factor mosaico es fácil de observar; la máscara y los hombros más coloreados son una señal inconfundible. En el mosaico el dibujo es también negro y nítido.

Bruno rojo

La conformación del dibujo en el bruno es idéntica a la del tipo negro bruno. En el bruno rojo aparecen las mismas características que en el bronce, con la diferencia de que la coloración tiende al bruno en lugar de hacerlo al negro-azul. La mutación bruna es una de las más frecuentes en la naturaleza, porque se puede producir una inhibición de las melaninas negras en favor de las brunas; en tal caso el plumaje se torna castaño. Al igual que el bronce, el bruno rojo fue seleccionado en Alemania a partir de finales del siglo XIX, pero no fue objeto de un verdadero proceso de estandarización hasta la mitad del siglo XX.

El bruno rojo se presenta en las tres categorías: intenso, nevado y mosaico. Al haber sufrido un proceso de dilución, los cruces se pueden realizar, además de entre los bruno pastel rojo y los bruno pastel rojo, entre los bruno ópalo rojo y el rubí oxidado. Recordemos que el bruno es un factor relacionado con el sexo; en consecuencia, de los apareamientos realizados entre ejemplares demasiado próximos por consanguinidad, se pueden obtener ejemplares en los que la coloración tiende a menguar; un defecto típico, en lo que se refiere tanto a la puntuación, como a la selección, es el contorno claro de las plumas y del plumón, efecto que crea una deficiencia en la homogeneidad del plumaje.

Los ejemplares que presentan esta característica se excluyen de la reproducción.

Bruno rojo intenso
En esta categoría aparece el dibujo típico, y la coloración castaña tiende al rojo. Las patas y el pico son de color carne, debido a la falta de oxidación típica del bronce.

Bruno rojo nevado
En este canario el dibujo debe estar bien definido; el efecto nieve se hace visible gracias a una coloración roja menos homogénea sobre fondo castaño.

Bruno rojo mosaico
El factor mosaico es más fácil de identificar que en el bronce, porque en las zonas de elección destaca más a causa de la coloración base castaño-roja del bruno.

Canario bruno rojo mosaico presentado de modo que se pueda apreciar el dibujo perfecto

Macho bruno rojo mosaico

Ágata rojo

El ágata representa el primer factor de dilución del negro bruno. Se trata de una mutación relacionada con el sexo y provoca una reducción de todas las melaninas, mínima para las melaninas negras y en cambio bastante acentuada para las brunas. El resultado es un plumaje gris plomo con reflejos azulados, mientras que en el ágata rojo se añade a esta tonalidad el rojo característico.

La mutación del ágata se obtuvo en Alemania durante las primeras décadas del siglo XX y experimentó una notable difusión en los años cincuenta y sesenta. Se presenta en las tres categorías: intenso, nevado y mosaico, y, como ocurre en el bronce y en el bruno rojo, para los inexpertos la categoría nevado es la más difícil de determinar. Los mejores resultados se obtienen cruzando ágata con ágata y bronce con ágata, si se quiere determinar mejor el dibujo; en cualquier caso se realizan apareamientos con todos los otros diluidos de factor rojo.

Ágata rojo intenso
En el intenso el dibujo ha de ser lo más oscuro posible, y las estrías del lomo y de los costados, bien evidentes; se aprecia el dibujo que parte de la cabeza y no se interrumpe en todo el lomo. El plumón es gris y, pese a que el ágata rojo intenso es la primera dilución del bronce intenso, falta totalmente la oxidación de pico y patas, que son de color carne.

En la hembra, sobre todo, el ojo es gris y no oscuro como en el bronce y en el bruno rojo.

Ejemplar hembra ágata rojo mosaico

Macho ágata rojo mosaico

Ágata rojo mosaico en el que se evidencia el dibujo típico

Ágata rojo nevado

Las diferencias que presenta el nevado respecto al intenso son mínimas y consisten únicamente en la mayor intensidad del color.

Ágata rojo mosaico

En el factor mosaico aparecen las características propias del tipo y, por lo tanto, resulta claramente distinguible a ojos del neófito. La máscara del macho se aprecia claramente, y en la hembra, en la zona de las cejas destaca el rojo, porque esta zona carece por completo de pigmento melánico y posee la máxima concentración posible de lipocromo.

Isabela rojo

El isabela rojo guarda la misma relación con el bruno rojo que el bronce rojo con el ágata rojo. De los melánicos de factor rojo, el isabela es el último de los que se consideran los más viejos, los dos tipos base y sus dos primeras diluciones.

Las características cromáticas de este tipo están relacionadas con la dilución del bruno y aparecen sólo las melaninas brunas muy diluidas; el color de fondo es un beige mezclado con rojo, que se compacta con un dibujo nítido pero de poca intensidad, parecido al del ágata. Se trata de una mutación obtenida a principios del siglo XX en Alemania y se presenta en las tres categorías: intenso, nevado y mosaico.

Para obtener buenos ejemplares isabela hay que aparear isabela con isabela, mientras que para diluir más el color se cruza con el ágata.

Hay que tener en cuenta que al ser isabela un carácter relacionado con el sexo,

Canario isabela rojo mosaico de espaldas, para mostrar el dibujo que define el tipo

Hembra de isabela rojo mosaico

si se aparea un macho isabela con una hembra ágata, se logra que todas las hembras isabela y todos los machos sean portadores de este factor.

Isabela rojo intenso

El canario isabela rojo intenso se presenta con una coloración fuertemente diluida, si bien el lipocromo se aprecia con claridad por debajo del dibujo; el pico y las patas son claros, y los ojos son bruno claro. El plumón es gris claro.

Isabela rojo nevado

El efecto nieve del lipocromo tiende a crear un color que se mezcla con la tonalidad clara del plumaje; en lo demás presenta las mismas características que el intenso. Sin embargo, es difícil distinguir las dos categorías.

Isabela rojo mosaico

La categoría mosaico se reconoce con facilidad, ya que muestra claramente las zonas de elección del lipocromo.

Canario macho isabela rojo mosaico

CANARIOS MELÁNICOS PASTEL

Los canarios melánicos pastel se juzgan por tipo, categoría y variedad, y se asignan 25 puntos para el tipo, 15 para la categoría y 10 para la variedad.

Tipos

Negro bruno pastel

> *Verde pastel, bronce pastel, oliva pastel, violeta pastel, pizarra coloreado pastel, pizarra pastel*

Características típicas. Presenta el dibujo típico del negro bruno, reducido, bien visible, con una tonalidad gris hierro y contornos bruno reducido.

VALORACIÓN DEL TIPO NEGRO BRUNO PASTEL (MÁX. 25 PUNTOS)		
Calificación	Características	Puntos de penalización
excelente	dibujo del negro bien visible, con tonalidad gris hierro y contornos bruno reducido; pico, patas y uñas negro oxidado	1-2
buena	dibujo del negro menos visible, pero siempre con tonalidad gris hierro y contornos bruno reducido; pico, patas y uñas oxidados	3
suficiente	dibujo del negro poco visible con tonalidad que tiende al bruno, menos reducido en los contornos: pico, patas y uñas poco oxidados	4-5
insuficiente	dibujo del negro casi imperceptible o excesivamente marcado con tonalidades que tienden al tipo normal, escasa reducción o carencia del bruno; pico, patas y uñas carentes de oxidación	6-10

Negro bruno pastel alas grises

> *Verde pastel alas grises,*
> *bronce pastel alas grises,*
> *oliva pastel alas grises,*
> *violeta pastel alas grises,*
> *pizarra coloreado pastel alas grises,*
> *pizarra pastel alas grises*

En este tipo, las eumelaninas negras están tan reducidas que el dibujo sólo se
aprecia en las puntas de las plumas,
adoptando una tonalidad gris aluminio
con presencia, aunque reducida, de feomelanina, y es completamente imper-
ceptible en el resto del plumaje.

Características típicas. El dibujo experi-
menta una reducción máxima y un visible
influjo del pastel; el efecto «alas grises»
ejerce su máxima acción en las marcas de
las rémiges y timoneras, y se extiende uniformemente por todo el plumaje. Pico,
patas y uñas son de color negro oxidado.

VALORACIÓN DEL TIPO NEGRO BRUNO PASTEL ALAS GRISES (MÁX. 25 PUNTOS)		
Calificación	*Características*	*Puntos de penalización*
excelente	reducción y «apastelamiento» del dibujo hasta casi su total desaparición, exceptuando las puntas de las plumas, en las que se aprecia apenas marcado, en forma de escamas; tonalidad global del plumaje gris aluminio uniforme, con presencia feomelánica de poca entidad; marcas en las puntas de las rémiges y las timoneras, que presentan apenas un leve contorno gris, más oscuro con respecto al manto; pico, patas y uñas negro oxidado	1-2
buena	dibujo perceptible; en conjunto buena tonalidad gris aluminio; buena expresión feomelánica; marcas en las puntas de las rémiges y las timoneras ligeramente más marcadas y más extendidas; pico, patas y uñas oxidados	3
suficiente	dibujo evidente o casi totalmente inexistente; tonalidad gris aluminio reducida; carencia feomelánica; marcas en las puntas de las rémiges y de las timoneras extendidas y demasiado señaladas; pico, patas y uñas apenas oxidados	4-5
insuficiente	dibujo excesivamente evidente o totalmente inexistente; tonalidad gris aluminio escasa; marcas en el ápice de las rémiges y de las timoneras demasiado extendidas y excesivamente marcadas de negro; pico, patas y uñas sin oxidación	6-10

Bruno pastel

Bruno pastel amarillo,
bruno pastel rojo,
bruno pastel marfil,
bruno pastel marfil rosa,
bruno pastel plateado coloreado,
bruno pastel plateado

Canario macho bruno pastel rojo mosaico

Ejemplar hembra bruno pastel

Características típicas. Este canario se caracteriza por una total reducción y atenuación de las melaninas, con la consiguiente desaparición del dibujo. Por esta razón se aprecia la melanina bruna oxidada que, ligeramente reducida respecto a los normales, aparece como una pátina densa, en tono pastel y difusa por todo el plumaje.

VALORACIÓN DEL TIPO BRUNO PASTEL (MÁX. 25 PUNTOS)		
Calificación	Características	Puntos de penalización
excelente	melanina bruna oxidada densa y de tono pastel uniforme en todo el plumaje, acompañada de la desaparición del dibujo del lomo y de los costados; se toleran ligerísimas señales de dibujo en los machos; marcas brunas en las rémiges y timoneras bien difuminadas; pico, patas y uñas bruno oxidado	1-2
buena	melanina bruna oxidada de buena tonalidad e intensidad, distribuida uniformemente; indicios de dibujo	3
suficiente	intensidad y tonalidad melánica mediocre, pero suficiente en cualquier caso para caracterizar el tipo; escasa uniformidad; ligero dibujo	4-5
insuficiente	tonalidad melánica bruna degradada hasta valores apenas apreciables, o bien falta de reducción y difuminación de la melanina con dibujo apreciable	6-10

Ágata pastel

> *Ágata pastel amarillo,*
> *ágata pastel rojo,*
> *ágata pastel marfil,*
> *ágata pastel marfil rosa,*
> *ágata pastel plateado coloreado,*
> *ágata pastel plateado*

Características típicas. El segundo factor de reducción acentúa su acción sobre la eumelanina negra y la feomelanina. Las características típicas del ágata han de mantenerse, aunque reducidas y con tendencia al gris. Se consideran esenciales de este tipo el contorno gris perla de las timoneras y de las rémiges, las estrías en el lomo y en los costados y los bigotes gris hierro. Se prefieren siempre los ágata pastel de tonalidad global gris perla. El pico, las patas y las uñas son de color carne.

Una pareja ágata pastel

VALORACIÓN DEL TIPO ÁGATA PASTEL (MÁX. 25 PUNTOS)		
Calificación	*Características*	*Puntos de penalización*
excelente	tonalidad global gris perla; máxima reducción de la feomelanina bruna hasta la casi total desaparición; timoneras y rémiges caracterizadas por marcas gris hierro con contorno perláceo; bigotes y estrías bien dibujados en el lomo y en los costados sobre fondo melánico reducido	1-2
buena	tonalidad gris perla claramente apreciable; dibujo apenas insinuado o ligeramente marcado; ligeras trazas de bruno	3
suficiente	tonalidad de gris suficiente como para determinar el tipo; dibujo imperceptible o excesivamente marcado; evidentes señales de bruno	4-5
insuficiente	tonalidad marronácea en el cuerpo, en las rémiges y las timoneras; dibujo no característico del ágata; ejemplares que tienden al isabela normal, con el que se confunden por el dominio del bruno sobre el negro o viceversa, ejemplares que tienden al ágata normal	6-10

Isabela pastel

> *Isabela pastel amarillo,*
> *isabela pastel rojo,*
> *isabela pastel marfil,*
> *isabela pastel marfil rosa,*
> *isabela pastel plateado coloreado,*
> *isabela pastel plateado*

Características típicas. Forman parte de este tipo los canarios cuya pigmentación melánica está constituida por melanina bruna y feomelanina fuertemente reducida y atenuada, con la consiguiente desaparición del dibujo; tonalidad global beige claro. Se observa una pigmentación reducida del ojo, que aparece rojizo.

VALORACIÓN DEL TIPO ISABELA PASTEL (MÁX. 25 PUNTOS)		
Calificación	Características	Puntos de penalización
excelente	pigmentación melánica muy reducida y difuminada, pero todavía perceptible en rémiges y timoneras con ausencia total de dibujo	1-2
buena	reducción melánica satisfactoria; timoneras y rémiges que tienden al bruno; ausencia de cualquier insinuación de dibujo	3
suficiente	cuerpo, alas y cola de tonalidad bruna, pero todavía suficiente como para determinar el tipo; ligeras señales de dibujo	4-5
insuficiente	cuerpo, alas y cola de tonalidad bruna muy evidente; dibujo en lomo y costados bien visible; excesiva reducción que se manifiesta con la desaparición de las características típicas	6-10

Variedades más criadas

Pastel, el segundo factor de dilución

A mediados de los años cincuenta, en toda Europa se empezó a seleccionar este factor de dilución, que apareció en los cuatro tipos más antiguos. De este modo, se originaron en los canarios de factor rojo los ejemplares bronce pastel, que posteriormente se dividirían en bronce pastel y bronce pastel alas grises, bruno pastel rojo, ágata pastel rojo e isabela pastel rojo.

En general, en estos canarios los colores se suavizan, se difuminan.

En los bronce pastel y los ágata pastel rojo el dibujo típico todavía es visible, aunque tanto las melaninas negras como las brunas estén diluidas. En cambio, en los bruno pastel rojo y en los isabela pastel rojo el dibujo va casi desapareciendo.

El lipocromo es siempre bien visible, y en ellos aparecen las tres categorías: intenso, nevado y mosaico.

Dado que el factor pastel está relacionado con el sexo, un ejemplar pastel macho, aunque se aparee con otros diluidos, genera una prole femenina pastel y una masculina portadora del factor pastel.

En cuanto a los apareamientos más útiles con vistas a obtener una buena descendencia, es válido lo dicho para los cuatro tipos antiguos.

Hembra bronce pastel

Bronce pastel
El factor de dilución actúa en el dibujo de manera notable, aclarándolo de negro a gris; el lipocromo se mantiene visible y el plumón es gris.

Bronce pastel alas grises
Se trata de una variedad del canario anterior. En algunos ejemplares la dilución provoca un aclaramiento de la parte central de las plumas de las alas y de la cola, de manera que el canario presenta una especie de barrado claro en las alas y la cola. Estos claros tan característicos también aparecen en los costados y en el lomo, dejando en lugar del dibujo típico un área perlácea; esta particularidad es todavía objeto de selección.

Bruno pastel rojo
La desaparición total o casi total del dibujo hace que este canario parezca un isabela sin dibujo.

Ágata pastel rojo
El dibujo pasa del gris plomo al gris claro, pero debe respetar plenamente el tipo ágata.

Isabela pastel rojo
No se aprecia el menor indicio de dibujo; el color ha de ser tenue y los ojos, las patas y el pico, claros.

CANARIOS MELÁNICOS ÓPALO

Los canarios de color denominados ópalo han sufrido el tercer factor de reducción, que reduce y modifica la eumelanina negra, la eumelanina bruna y la feomelanina, generando un efecto azulado. No repercute en el pico, las patas y las uñas. Al igual que todos los melánicos, se juzgan por tipo, categoría y variedad, con 25, 15 y 10 puntos posibles de penalización.

Tipos

Negro bruno ópalo

Verde ópalo, bronce ópalo, oliva ópalo, violeta ópalo, pizarra coloreado ópalo, pizarra ópalo

Características típicas. El fenotipo general está caracterizado por la reducción de la eumelanina bruna y de la feomelanina; la eumelanina negra, aunque reducida, se manifiesta con una tonalidad gris azulado. El dibujo es completo. El pico, las patas y las uñas son de color negro oxidado.

VALORACIÓN DEL TIPO NEGRO BRUNO ÓPALO (MÁX. 25 PUNTOS)		
Calificación	Características	Puntos de penalización
excelente	reducción del bruno y máxima manifestación de la eumelanina negra, con tonalidad gris azulado, dibujo completo; oxidación de pico, patas y uñas	1-2
buena	dibujo reducido; buena manifestación del efecto gris azulado; pico, patas y uñas un poco menos oxidados	3
suficiente	dibujo escaso; pérdida del efecto gris azulado; pico, patas y uñas poco oxidados	4-5
insuficiente	dibujo confuso o ausente; predominio de la tonalidad marronosa hasta el punto de anular el efecto gris azulado; pico, patas y uñas bastante claros	6-10

Bruno ópalo

> *Bruno ópalo amarillo,*
> *bruno ópalo rojo,*
> *bruno ópalo marfil,*
> *bruno ópalo marfil rosa,*
> *bruno ópalo plateado coloreado,*
> *bruno ópalo plateado*

Características típicas. Presentan la eumelanina bruna reducida y modificada, y denotan una reducción de la feomelanina. Dibujo de poca tonalidad, velado y patinado, pero largo y ancho con reflejos grises azulados en rémiges y timoneras. Pico, patas y uñas marronáceos.

Ejemplar bruno ópalo rojo mosaico que evidencia las características típicas de la dilución: dibujo de poca tonalidad y reflejos nacarados grises azulados en rémiges y timoneras

VALORACIÓN DEL TIPO BRUNO ÓPALO (MÁX. 25 PUNTOS)		
Calificación	**Características**	**Puntos de penalización**
excelente	plumaje coloreado, con estrato claramente apreciable de bruno uniforme con leve densificación en el lomo; dibujo de tonalidad reducida, velado y patinado, pero largo y ancho con reflejos grises azulados en rémiges y timoneras; pico, patas y uñas de tonalidad decididamente marronosa	1-2
buena	tonalidad marronácea globalmente buena, siempre visible en el lomo; dibujo escasamente velado o poco marcado; pico, patas y uñas de tonalidad marronosa	3
suficiente	tonalidad marronosa globalmente suficiente para determinar con certeza el tipo; dibujo escasamente marcado o poco velado; pico, patas y uñas muy poco marronosos	4-5
insuficiente	ausencia casi total de coloración de bruno, o dibujo inexistente o no suficientemente reducido; pico, patas y uñas de color carne	6-10

Canario macho bruno ópalo rojo mosaico

Bruno ópalo plateado en una muda retrasada. Aunque se trata de un ejemplar de buena forma y talla, el estado del plumaje no permite augurar una valoración suficiente. En cambio, un ejemplar en estas condiciones puede utilizarse para la reproducción si las condiciones generales de salud son buenas

Ágata ópalo

Ágata ópalo amarillo, ágata ópalo rojo, ágata ópalo marfil, ágata ópalo marfil rojo, ágata ópalo plateado coloreado, ágata ópalo plateado

Características típicas. Este tipo presenta una reducción de la eumelanina negra y la máxima reducción de la melanina bruna. El dibujo es muy nítido y reducido, de tonalidad gris azulado, formado tan sólo por la eumelanina negra. Pico, patas y uñas de color carne.

Canario hembra ágata ópalo amarillo

VALORACIÓN DEL TIPO ÁGATA ÓPALO (MÁX. 25 PUNTOS)		
Calificación	Características	Puntos de penalización
excelente	desaparición completa del bruno y manifestación de la eumelanina negra, aunque reducida, con tonalidad gris azulado; persistencia del dibujo característico del ágata, constituido por estrías en el lomo y en los costados, y por bigotes	1-2
buena	ausencia de bruno; efecto gris azulado siempre evidente, pero de tonalidad inferior que en la valoración excelente; dibujo típico del ágata todavía bastante visible	3
suficiente	ligeras coloraciones de bruno limitadas al lomo; características típicas suficientes como para definir el tipo; dibujo parcialmente borrado o demasiado marcado	4-5
insuficiente	tonalidad marronácea en todo el plumaje; dibujo excesivamente marcado o inexistente	6-10

Isabela ópalo

*Isabela ópalo amarillo,
isabela ópalo rojo,
isabela ópalo marfil,
isabela ópalo marfil rosa,
isabela ópalo plateado coloreado,
isabela ópalo plateado*

Características típicas.
El isabela ópalo denota un factor más de reducción de las melaninas brunas, en un tipo ya de por sí caracterizado por la reducción de estas.

El plumaje es similar al de los lipocromos, cuya naturaleza de melánicos se manifiesta en rémiges y timoneras, que presentan una característica tonalidad azul perla, propia del ópalo. Por otro lado, se observa una reducida pigmentación del ojo, que aparece rojizo.

Macho isabela ópalo rojo mosaico

VALORACIÓN DEL TIPO ISABELA ÓPALO (MÁX. 25 PUNTOS)		
Calificación	Características	Puntos de penalización
excelente	ausencia total de cualquier indicio de dibujo; marcada tonalidad azul perla de las rémiges y de las timoneras	1-2
buena	reducción satisfactoria en todo el plumaje; timoneras y rémiges perláceas	3
suficiente	ligeras señales de bruno y de dibujo destacables en el lomo; rémiges y timoneras apenas perláceas	4-5
insuficiente	indicios evidentes de bruno y de dibujo o excesiva reducción feomelánica que se manifiesta con la desaparición de cualquier característica típica, en ejemplares que se confunden con los lipocromos	6-10

Variedades más criadas

Ópalo, el tercer factor de dilución

Hacia la mitad de los años sesenta, cuando la cría del canario de color ya gozaba de una gran difusión en toda Europa, se inició la selección de ejemplares más diluidos con respecto a los pastel.

El ópalo es el tercer factor de dilución y hace el plumaje extraordinariamente claro, aunque dejando el plumón más oscuro. En los ópalo de factor rojo aparecen los cuatro tipos antiguos con la dilución típica de este tercer factor que, al ser recesivo y no relacionado con el sexo, se transmite solamente si ambos progenitores son ópalo. El lipocromo es siempre evidente; el dibujo es visible en el bronce ópalo y en el ágata ópalo, mientras que aparece reducidísimo en el bruno ópalo y ausente en el isabela ópalo, hasta el punto que este último tipo es muy parecido a un lipocromo. En estos cuatro tipos aparecen también las tres categorías: intenso, nevado y mosaico.

Bronce ópalo

El bronce ópalo presenta el dibujo típico del negro bruno con un lipocromo marcado. No es posible determinar a ciencia cierta la categoría mosaico; para el neófito resulta bastante difícil distinguir entre intenso y nevado.

Bruno ópalo rojo

El dibujo de este canario es de intensidad muy reducida; el plumaje coloreado y el lipocromo evidente son sus características típicas, que en los ejemplares defectuosos, en los que desaparece el dibujo, pueden confundirse con el isabela ópalo rojo.

Ágata ópalo rojo

El dibujo se presenta reducido pero nítido, con reflejos de color gris azulado, debido a las melaninas negras diluidas, y con el lipocromo evidente sobre todo en los ejemplares mosaico, que muestran zonas de elección muy bien marcadas.

Isabela ópalo rojo

Este canario puede confundirse fácilmente con un lipocromo a causa de la desaparición del dibujo; la única diferencia es el plumón de color beige, debido a la presencia de melanina.

CANARIOS MELÁNICOS RUBÍ

El cuarto factor de reducción inhibe la eumelanina negra y la eumelanina bruna, pero deja intacta la feomelanina en los contornos de las plumas y del plumón; en consecuencia, en los negro bruno y en los bruno (rubí oxidado), se aprecia un dibujo típico que delimita zonas centrales de fuerte rarefacción melánica. El factor «ino», además, provoca la despigmentación del ojo, que es rojo en todos los tipos excepto en los negro bruno, y la desaparición de la oxidación de pico, patas y uñas, en donde normalmente subsistía. La característica propia del rubí de inhibir eumelanina negra y bruna determina en los ejemplares ágata e isabela (rubí reducidos), particularmente escasos de feomelanina, la desaparición en el plumaje de cualquier señal de dibujo y de melanina en general, salvo en las timoneras y en las rémiges, que si se observan atentamente muestran un ligero matiz que tiende al crema. Como todos los melánicos, los rubí se juzgan por tipo, categoría y variedad, a los que se atribuyen 25, 15 y 10 puntos de penalización, respectivamente.

Canario rubí oxidado amarillo nevado.
(Fotografía de la FOI)

Tipos

Rubí oxidado

*Rubí oxidado amarillo,
rubí oxidado rojo,
rubí oxidado marfil,
rubí oxidado marfil rosa,
rubí oxidado plateado coloreado,
rubí oxidado plateado*

Características típicas. En los rubí oxidado desaparece la eumelanina negra y bruna, mientras que se mantiene inalterada la feomelanina en los contornos de las plumas, que se manifiesta con un dibujo completo caracterizado por los clásicos contornos que delimitan las zonas centrales de rarificación melánica completa. Hay despigmentación del ojo y desaparición de la oxidación de pico, patas y uñas. En los negro bruno se toleran indicios leves de melanina en el centro de las timoneras.

Ejemplar rubí oxidado con fondo claro

Rubí oxidado en el que se puede apreciar el dibujo

VALORACIÓN DEL TIPO RUBÍ OXIDADO (MÁX. 25 PUNTOS)		
Calificación	Características	Puntos de penalización
excelente	dibujo característico en todas las plumas con contornos bruno oxidado que delimita zonas centrales de completa rarificación melánica	1-2
buena	dibujo y contorno menos evidentes; zona central de rarificación melánica confusa; presencia de eumelanina bruna sólo en el centro de las timoneras	3
suficiente	dibujo bastante reducido o confuso, con contornos limitados, pero que permiten determinar el tipo	4-5
insuficiente	dibujo excesivamente confuso o contornos característicos casi borrados del plumaje; rarificación melánica extendida a todo el plumaje	6-10

Rubí reducido (melánico oo.rr.)

*Melánico oo.rr. amarillo,
melánico oo.rr. rojo,
melánico oo.rr. marfil,
melánico oo.rr. marfil rosa,
melánico oo.rr. plateado coloreado,
melánico oo.rr. plateado*

Características típicas. Incluye tanto los ágata como los isabela. El cuarto factor de reducción provoca una desaparición total del dibujo en el plumaje, a excepción de las rémiges y las timoneras, donde persiste mostrando un ligero matiz que tiende al crema. El factor «ino», además, provoca la despigmentación del ojo, que es claramente rojo.

VALORACIÓN DEL TIPO RUBÍ REDUCIDO (MÁX. 25 PUNTOS)		
Calificación	*Características*	*Puntos de penalización*
excelente	total desaparición del dibujo y de cualquier indicio de melanina del plumaje; timoneras y rémiges completamente despigmentadas, de tonalidad crema	1-2
buena	ausencia de dibujo con ligero efecto melánico en el lomo	3
suficiente	ligeros indicios de dibujo en el plumaje	4-5
insuficiente	evidentes señales de dibujo; tonalidad excesivamente marronácea; desaparición de todas las características típicas, incluso del crema yesoso en rémiges y timoneras	6-10

CANARIOS MELÁNICOS SATINADOS

El quinto factor de reducción inhibe la eumelanina negra y la feomelanina, dejando sólo la eumelanina bruna modificada en beige. En los tipos negro bruno y ágata, el satinado inhibe por completo el dibujo. En los tipos bruno e isabela, en cambio, determina la aparición de un dibujo similar al del isabela tradicional, con estrías beige nítidas y suaves, claramente marcadas. Además, el factor satinado provoca en todos los tipos la despigmentación del ojo, que aparece claramente rojo. En la práctica es muy difícil distinguir los tipos negro bruno y ágata satinado de los ágata e isabela rubí, ya que son genéticamente diferentes pero fenotípicamente similares; esto hace que sólo se diferencien por mínimas señales de melanina en las puntas de las rémiges. Por esta razón, a efectos de calificación, se asimilan con los rubí reducidos (melánicos oo.rr.). Además, puesto que en los bruno y en los isabela el satinado crea un dibujo casi idéntico, se ha preferido agruparlos y definirlos genéricamente como «satinados». Como todos los melánicos, se juzgan por tipo, categoría y variedad, a los que se atribuyen 25, 15 y 10 puntos de penalización, respectivamente.

Satinado

Satinado amarillo, satinado rojo, satinado marfil, satinado marfil rosa, satinado plateado coloreado, satinado plateado

Un ejemplar satinado marfil rosa

Características típicas. El quinto factor de reducción provoca la desaparición total de la eumelanina negra y de la feomelanina, por lo que sólo la eumelanina bruna conforma un dibujo, dispuesto en el centro de la pluma, parecido al del isabela tradicional. Sin embargo, al estar acompañado de la inhibición de las feomelaninas en los contornos, su tonalidad es beige claro. Por otro lado, el factor satinado genera la despigmentación del ojo, que es rojo.

Canario satinado plateado

Macho satinado rojo mosaico

VALORACIÓN DEL TIPO SATINADO (MÁX. 25 PUNTOS)		
Calificación	Características	Puntos de penalización
excelente	contraste evidente entre el dibujo eumelánico de la parte central y la neta reducción de los contornos; dibujo completo, ligero, nítido y bien distribuido, con estrías suaves en los costados, marcadas y simétricas	1-2
buena	contraste menos nítido entre concentración y reducción de la eumelanina bruna	3
suficiente	contraste casi inexistente en un dibujo menos caracterizado; estrías en los costados asimétricas o inexistentes; ojo poco despigmentado	4-5
insuficiente	carencia de dibujo; ausencia de contraste; presencia de feomelanina en ejemplares que tienden al tipo isabela normal; ojo poco despigmentado	6-10

CANARIOS MELÁNICOS TOPACIO

Los canarios de color denominados topacio han experimentado el sexto factor de reducción, que ejerce su acción reduciendo y modificando la eumelanina negra y reduciendo la feomelanina. También influye en pico, patas y uñas, que pasan a ser parduzcos en el negro bruno y de color carne en el ágata. Finalmente actúa despigmentando ligeramente el ojo. La mutación topacio es reciente, y por este motivo, el estándar, limitado exclusivamente a los tipos negro bruno y ágata, todavía no está fijado definitivamente.

Como todos los melánicos, los topacio se juzgan por tipo, categoría y variedad, a los que se atribuyen 25, 15 y 10 puntos de penalización, respectivamente.

Tipos

Ágata topacio

> *Ágata topacio amarillo,*
> *ágata topacio rojo,*
> *ágata topacio marfil,*
> *ágata topacio marfil rosa,*
> *ágata topacio plateado coloreado,*
> *ágata topacio plateado*

Características típicas. La conformación del dibujo, aunque reducido, es muy parecida a la del ágata tradicional de tonalidad gris antracita; tiene vetas y estrías nítidas; las marcas de las rémiges y de las timoneras son reducidas con un amplio borde perláceo; la reducción de la feomelanina es máxima; el raquis es claro y adornado con eumelanina concentrada; el pico, las patas y las uñas son de color carne.

Ágata topacio amarillo. (Fotografía de la FOI)

Ágata topacio plateado. (Fotografía de la FOI)

VALORACIÓN DEL TIPO ÁGATA TOPACIO (MÁX. 25 PUNTOS)		
Calificación	Características	Puntos de penalización
excelente	dibujo completo de tonalidad global gris antracita, con veteado y estrías nítidas y bien visibles; marcas reducidas con amplio borde perláceo; máxima reducción de la feomelanina; raquis claro con bordes de eumelanina concentrada; pico, patas y uñas de color carne	1-2
buena	dibujo poco reducido de dimensiones parecidas al del ágata tradicional; leve presencia de feomelanina en el lomo; marcas de rémiges y timoneras con contorno un poco menos extendido; raquis menos claro, contorneado con eumelanina concentrada; pico, patas y uñas de color carne	3
suficiente	dibujo evidente con estrías dorsales, casi continuas y ligeramente ensanchadas, de tonalidad global negra o bruna; sensible presencia de feomelanina en los márgenes; marcas evidentes y escasamente contorneadas; raquis apenas aclarado; presencia de rayas en el pico	4-5
insuficiente	dibujo muy evidente o bien confuso o casi desaparecido, de tonalidad negra o bruno claro; excesiva presencia de feomelanina; marcas muy evidentes o casi inexistentes; raquis normal	6-10

Negro bruno topacio

Verde topacio,
bronce topacio,
oliva topacio,
violeta topacio,
pizarra coloreado topacio,
pizarra topacio

Características típicas. El dibujo es parecido al del negro bruno, reducido, bien visible, con contornos bruno reducido. Las vetas y las estrías son reducidas, aunque nítidas y bien definidas; con marcas en las rémiges y las timoneras reducidas y con el contorno bruno degradado. El raquis es claro, adornado con eumelanina concentrada, y el pico, las patas y las uñas son parduzcos.

	VALORACIÓN DEL TIPO NEGRO BRUNO TOPACIO (MÁX. 25 PUNTOS)	
Calificación	Características	Puntos de penalización
excelente	dibujo reducido pero completo; vetas y estrías nítidas y bien definidas, con mínima presencia feomelánica en los contornos; marcas reducidas y con contorno bruno degradado; raquis claro contorneado por eumelanina concentrada; pico, patas y uñas parduzcas	1-2
buena	buena expresión eumelánica; dibujo menos nítido, con feomelanina en el margen; contorno reducido de las marcas; raquis poco claro; pico, patas y uñas todavía parduzcas	3
suficiente	tonalidad apagada; dibujo confuso y muy fino o irregular; notable presencia de feomelanina; contornos de las marcas demasiado reducidos; raquis casi normal; pico y patas claros	4-5
insuficiente	tonalidad apagada; dibujo irregular o ausente; excesiva presencia de feomelanina en los contornos; marcas sin contorno; raquis normal; pico, patas y uñas de color carne	6-10

CANARIOS MELÁNICOS EUMO Y ÓNIX

El séptimo factor de reducción en los canarios melánicos es el denominado eumo. Este factor reduce parcialmente la eumelanina y casi totalmente la feomelanina, además de provocar la despigmentación del ojo, que aparece rojo, y la desaparición de la oxidación de pico, patas y uñas en los ejemplares en los que se manifiesta.

Al igual que todos los melánicos, se juzgan por tipo, variedad y categoría, razón por la cual encontramos una serie de definiciones:

— a partir del negro: negro eumo amarillo, negro eumo rojo, negro eumo amarillo marfil, etc.;

Ágata eumo amarillo intenso. Este canario debe presentar marcas de tonalidad gris oscuro y ligeras estrías claras y bien definidas, como en el ágata clásico, aunque menos típicas. Los ojos son rojos. (Cría de E. Colombo; fotografía de la FOI)

— a partir del bruno: bruno eumo amarillo, bruno eumo rojo, bruno eumo amarillo marfil, etc.;
— a partir del ágata: ágata eumo amarillo, ágata eumo rojo, ágata eumo amarillo marfil, etc.

Los dibujos son parecidos a los de los tipos negro, bruno y ágata clásicos, ligeramente reducidos.

El eumo nació en Holanda en 1986, cuando en un criadero se registró una mutación recesiva no ligada al sexo, que Janssen desarrolló en los años sucesivos, hasta que en 1991 dio una definición y un nombre a la mutación (eumo, de eumelanina). Sin embargo, la difusión de los ejemplares eumo es muy reciente, y los expertos todavía no saben valorar cada uno de los matices.

El octavo factor de reducción ejerce una acción reductora de eumelaninas y feomelaninas, pero deja inalterados el dibujo y las dimensiones. Estos canarios reciben el nombre

Bruno ónix amarillo. El efecto tiznado se manifiesta en la tonalidad negra; el dibujo continuo y completo es de la misma tonalidad; las estrías, las rayas y las marcas están bien definidas. La mutación ónix confiere al canario una coloración más clara que la del tipo bruno clásico. (Fotografía de la FOI)

Ágata ónix blanco recesivo. En el tipo ágata, prácticamente se anula el efecto tiznado. El pico, las patas y las uñas son rosados. (Fotografía de la FOI)

de ónix. El factor ónix se manifiesta con una coloración de efecto tiznado y con la presencia de franjas transversales de un color diferente en las rémiges y las timoneras.

Como todos los melánicos, se juzgan por tipo, variedad y categoría, razón por la cual encontramos una serie de definiciones:

— a partir del negro: negro ónix amarillo, negro ónix rojo, negro ónix amarillo marfil, etc.;
— a partir del bruno: bruno ónix amarillo, bruno ónix rojo, bruno ónix amarillo marfil, etc.;
— a partir del ágata: ágata ónix amarillo, ágata ónix rojo, ágata ónix amarillo marfil, etc.

Debido a la ausencia de feomelaninas, el lipocromo se presenta más puro y más límpido, hecho que explica que, por ejemplo, el factor amarillo tienda al limón vivo y el factor rojo, a una intensidad mayor. El ónix es un canario también muy reciente, destinado a los grandes expertos.

Cuarta parte

Los canarios de forma y postura

Los canarios de forma y postura
pertenecen a varias razas
perfectamente caracterizadas
por una o varias
particularidades
morfológicas o de porte.

CLASIFICACIÓN Y SELECCIÓN

Todas las especies animales se ordenan dentro de un grupo de especies afines, que se incluyen a su vez en grupos cada vez menos complejos. El orden de la clasificación es: clase, orden, género, especie, raza, tipo, variedad y categoría. Las cuatro primeras voces son realmente una distinción científica, mientras que a partir de la raza se trata de una opción simplificadora que ha tomado el hombre, pero en realidad carece de valor científico. En efecto, la ciencia se detiene en la especie (y en algunos casos con posibles subespecies), y las razas no son más que posteriores «manipulaciones» obtenidas por el hombre a través de la selección. En los canarios de postura y posición, las especificidades de la raza son claramente visibles y se basan en las particularidades de la estructura ósea, del plumaje y de la posición que el animal adopta en la barra.

En el canario Sajón, el origen de los distintos colores se ha obtenido recientemente; por el contrario, en los canarios de forma y postura la selección ha durado mucho tiempo, hasta el punto de que sus orígenes son inciertos. Seguramente la selección fue gradual, y de un canario original, el silvestre, se desarrollaron ejemplares que han cambiado no sólo aspectos visibles como el plumaje, sino también elementos menos evidentes como el esqueleto.

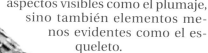

Un Lizard amarillo oro en posición atenta en la percha

Ilustración de dos Crested en un libro de 1839: los criadores europeos se apasionaron por los canarios de forma y posición

ESPECIES, RAZAS Y VARIEDADES

Las razas de canario pertenecen todas a la especie *Serinus canarius*, es decir, el canario silvestre originario de las islas Canarias, una de las especies de aves (clase) Paseriformes (orden) incluidas en el género *Serinus*.

El hecho más claro que marca el límite de la especie es que la unión de ejemplares de especies diferentes genera, casi siempre, híbridos estériles. La palabra *raza*, en cambio, define un grupo de ejemplares de la misma especie que se diferencian de otros ejemplares de la misa especie por algunas características hereditarias típicas debidas a la aparición espontánea de anomalías y a la posterior selección. Para pertenecer a una raza específica se requiere uniformidad morfológica y de caracteres. No basta, por ejemplo, con que el color sea idéntico. Un color particular dentro de una misma raza (por ejemplo, el Sajón) dará origen a la variedad, que en el caso de los canarios de color se desarrolla en tipo (negro-bruno, bruno, ágata, isabela, etc.) y en categoría (intenso, nevado y mosaico).

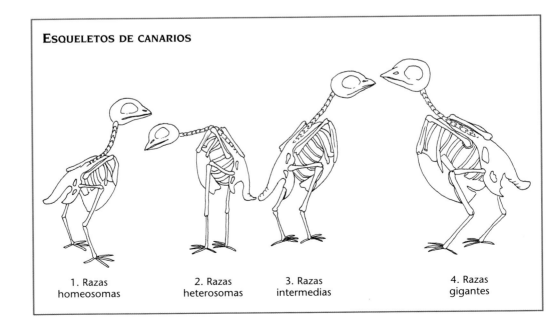

ESQUELETOS DE CANARIOS

1. Razas homeosomas

2. Razas heterosomas

3. Razas intermedias

4. Razas gigantes

El dibujo muestra los cuatro tipos diferentes de esqueleto de los canarios:

• Las razas homeosomas tienen una estructura ósea muy parecida a la forma silvestre. Ejemplos de este tipo son, además de la raza Sajón y los cantores como el Harz, otras que serán objeto de tratamiento particular, como el Lizard, el Border, el Fife y el Gloster.

• Las razas heterosomas presentan un esqueleto muy diferente que el de la forma ancestral; son el Scotch, el Bossu, el Gibber, el Rizado del Sur, etc.

• Las razas intermedias presentan de manera estable los caracteres típicos de las dos categorías anteriores; pese a mostrar características más próximas a las de las razas heterosomas, de las que derivan por ejemplo los tarsos semirrígidos, también exhiben caracteres hereditarios obtenidos por el cruce con razas gigantes. Ejemplos de este grupo son el Yorkshire, el Rizado del Norte y el Padovano.

• Las razas gigantes recuerdan los caracteres de las razas homeosomas, pero con un agigantamiento manifiesto. Se incluyen en este grupo el Norwich, el Rizado de París, el Lancashire, etc.

Con el paso de los años todas las razas han evolucionado, y la selección determinada por el hombre ha dado lugar a nuevas razas con la aparición de rizos en el plumaje, mechones, etc.

En cambio, las razas tradicionales se han mantenido siempre muy próximas al estándar inicial, con modificaciones leves.

DIFERENCIAS EN LA REPRODUCCIÓN

Las razas gigantes y las más distantes de las razas homeosomas pierden capacidad reproductora por tener menos rusticidad. Este es el primer factor que debe tener en cuenta el criador que quiere introducirse en el mundo de los canarios de forma y postura.

La evolución de las razas

La evolución de las razas, tanto de las que están fijadas desde hace siglos, como de las recientes, que, por lo tanto, todavía no tienen características definitivas, se produce siempre a partir de una anomalía casual que el hombre aprovecha.

Sería del todo lícito preguntarse cuál es la razón que ha inducido a tantos criadores a centrar sus esfuerzos en detalles como un penacho un poco más ancho o un poco más tupido, el rizo del plumaje, el tamaño y la forma de determinadas razas o, finalmente, la postura de otras razas. Esta pregunta no tiene una respuesta concisa, como tampoco hay una explicación para justificar por qué los criadores modernos se esfuerzan en crear razas nuevas, cuando ya hay tantas conocidas.

Sea como fuere, dado que las razas han sido creadas, nos podemos preguntar lo siguiente: ¿por qué no conservarlas? ¿Por qué no criar siguiendo el estándar e intentar obtener ejemplares que se aproximen cada vez más a los caracteres típicos de su raza?

Un ejemplar de Border, raza de talla considerable

El Yorkshire es un canario de talla notable, y por ello es lento y poco ágil en el vuelo

En estos últimos tiempos, la evolución de las diferentes razas ha seguido unas directrices generales:

• En las razas de talla importante, por ejemplo, hay una tendencia a buscar las dimensiones máximas y una estructura fuerte. Esto se explica en parte porque, a menudo, a partir de una raza de talla grande se ha creado otra de talla pequeña, como es el caso del Border y el Fife, que en realidad son un mismo canario, pero de diferente talla, grande el Border y pequeño el Fife. Dos casos parecidos son el Scotch y el Hosso, que, a pesar de tener otras diferencias, difieren sobre todo en el hecho de que el primero es un canario de talla grande y el segundo un ejemplar «miniatura».
• Consecuencia del punto anterior es que la selección de las razas de talla pequeña está orientada a la obtención de ejemplares cada vez más pequeños.
• En los canarios con penacho la selección avanza siempre en el sentido de buscar la perfección de este detalle y de

enriquecer el plumaje de la cabeza, con lo cual la atención de los criadores se dirige a la estructura de la cabeza, que con el penacho ha de presentar unas características determinadas y sin penacho debe tener la forma redondeada y fuerte que se considera idónea para transmitir correctamente el penacho a la prole.
• En los canarios rizados la selección tiende a buscar ejemplares que tengan plumaje más rico y típico en relación con el estándar de la raza. Caracteres como la pluma de gallo (plumas largas que bajan desde el dorso por los lados de la cola), que con toda probabilidad las primeras veces aparecieron por casualidad, se han convertido en los puntos importantes del estándar de una raza como el Rizado de París. Así pues, la búsqueda de esta particularidad (o de otras más) obliga a los criadores a descartar de la reproducción a los ejemplares que no resulten idóneos, y a propiciar la reproducción de otros que, pese a no ajustarse al estándar, tie-

Un Lizard plateado con el casquete manchado

Un raro ejemplar de Rizado del Sur manchado

grado de especificidad y tipismo en las razas. Por otro lado, también se trabaja en la reconstitución de razas perdidas o la creación de razas nuevas que respondan mejor a las necesidades de la cría actual. Este último sería el caso de la Raza española, del Irish o del Llarguet. Y, por el contrario, también se tiende a dejar de lado razas que no tienen historia ni orígenes antiguos ni presentan características de novedad, como el Alemán con penacho o el Rizado suizo.

La división de las razas en tres grupos

Las razas de canarios de forma y postura se han dividido en tres grupos o categorías:

1. ingleses;
2. rizados;
3. otros.

nen unos caracteres que los convierten en excelentes «portadores» de ciertas características.

En los canarios de forma y postura, la creación, la evolución y la determinación de las distintas razas nunca han impedido a los criadores realizar cruces entre razas diferentes para obtener algunas características específicas. Y esto es posible porque —no lo olvidemos— todos los canarios pertenecen a una misma especie y, por lo tanto, los cruces entre razas dan lugar a mestizos, no a híbridos. La diferencia es sustancial: el mestizo es fértil y puede ser utilizado en la selección de tipismos de una raza; el híbrido, en cambio, casi siempre es estéril (uno de los casos rarísimos de híbrido fértil es el F1 de cardenal de Venezuela × canario, que interviene en el nacimiento de los canarios de color).

Teniendo siempre en cuenta que las selecciones del pasado tuvieron lugar siguiendo estas directrices tan simples, hoy en día se sigue buscando un mayor

Un Fiorino con penacho manchado verde

Un Gloster corona manchado blanco

Esta división es arbitraria, ya que carece de valor científico, pero es la que se ha impuesto por su comodidad.

La FOCDE divide las razas en dos grupos, según los criterios de juicio y de habilitación de los jueces, que han establecido una línea para los canarios de forma y postura lisos y otra para los de forma y postura rizados.

Es una buena subdivisión. Ahora bien, hemos optado por dividir las razas en tres grupos por una razón muy simple: dentro de los canarios de forma y postura lisos, los de origen inglés constituyen un grupo muy nutrido, con criterios selectivos parecidos, con canarios que en general tienen una historia bastante antigua. Por este motivo los hemos separado de los otros canarios de forma y postura lisos, que en general (salvo el Bossu, que es antiguo y ha tenido un papel relevante en la selección de muchas otras razas) son razas modernas o incluso nuevas y en vías de ser reconocidas por parte de las distintas federaciones ornitológicas.

En cuanto al grupo de los rizados, atendiendo a la característica fundamental del plumaje está aceptado unánimemente y no da lugar a dudas.

Ejemplar blanco de canario de Raza española, que presenta un cuerpo delgado y casi cilíndrico

Un Fife verde intenso: la forma característica de la raza, parecida a la del Border (del que desciende), presenta el cuerpo redondeado y la cabeza pequeña y redonda

Un Gloster corona manchado simétrico, precioso y muy típico (es decir, que refleja a la perfección el estándar de la raza)

Típica curvatura en la percha del Scotch

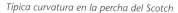

Un Lizard sin casquete en el que se puede apreciar muy bien el dibujo en forma de escamas de la raza

Un Lizard con el casquete bien definido: el amarillo de la parte superior de la cabeza contrasta con el verde de base y con el dibujo oscuro que se le superpone

El Rizado de París blanco también recibe el nombre de Rizado de color

Un Rizado de París

CANARIOS DE FORMA Y POSTURA		
Canarios de raza inglesa	*Canarios rizados*	*Otros*
Border	Rizado de París	Bossu belga
Fife Fancy	Rizado del Norte	Hosso japonés
Norwich	Rizado del Sur	Raza española
Crest	Rizado suizo	Alemán con penacho
Gloster	Gibber Italicus	Llarguet
Lancashire	Giboso español	Munchener
Yorkshire	Padovano	Bernois
Scotch	Fiorino	Columbus
Lizard	Agi	
Irish Fancy		
London Fancy*		

* Extinguido, se intenta su «reconstrucción».

LOS CANARIOS DE RAZA INGLESA

Los orígenes de la raza inglesa deben buscarse en Gran Bretaña, aunque hoy en día su cría está muy difundida en todo el mundo. Está considerada una de las razas más interesantes y es motivo de grandes debates entre expertos y ornicultores. Para entender los motivos sólo hay que observar la originalidad del Lizard, con la bóveda craneal de color y el plumaje parecido a la lagartija, o bien los mechones del Gloster, del Crest y del Lancashire.

Border

Es el canario más difundido en Gran Bretaña. Se estima que la cría de Border supera al conjunto de todas las demás razas juntas. En su país de origen la cría y la selección de esta raza tienen un nivel muy alto.

Este canario, famoso también fuera de su país de origen, debe su éxito a la talla no exagerada, a la robustez, a la facilidad de reproducción y a sus capacidades de canto.

Países de origen: Inglaterra y Escocia.

Origen e historia: a principios del siglo XVIII este canario se conocía en Inglaterra con el nombre de Canary serin finch, que podría traducirse como pinzón canario. El color originario era gris

FIGURA ESTÁNDAR DEL BORDER

verde, más o menos degradado, y, a tenor de los dibujos que han llegado a nuestros días, es evidente que esta raza ha conservado en el tiempo las características principales. A principios del siglo XX este canario era muy conocido y apreciado, sobre todo en Escocia, entre los zapateros y los tejedores. En todos los pueblos de los condados fronterizos (o Border Countries) de Dumfries, Roxburgh y Selkirk se criaban en una variedad concreta que daba prioridad al color cada vez más claro, o marcado, excepto el verde.

Un Border manchado nevado, que se corresponde perfectamente con el estándar: el cuerpo como una gran bola y la cabeza como una bolita pegada al cuerpo

Un Border manchado intenso, con un rico y liso plumaje

Escoceses e ingleses discurrieron sobre el nombre que había que dar al canario, que en Escocia se conocía como Common canary y en Inglaterra como Cumberland fancy. Después de muchas polémicas, se optó por llamarle Border, en honor de las zonas fronterizas de donde era originario. En 1890 se formó el primer club de criadores, el Border Fancy Canary Club, y en 1891 tuvo lugar la primera muestra, en Langholm. Allí resultó elegido (jueces Bell y Davidson) un ejemplar del Sr. McMillan, que fue considerado por muchos el retrato ideal de la raza. El estándar dibujado y descrito fue codificado en 1930 por H. Norman. Aquel estándar, con modificaciones mínimas, es el que todavía está vigente actualmente. En 1954 nació la International Border Breeder's Association.

Descripción de la raza: es un canario de 14,6 cm de talla que, gracias al plumaje adherido al cuerpo, tiene un contorno muy nítido. Su aspecto es compuesto y vivaz.

• La cabeza es la parte anatómica que identifica mejor a la raza. Es pequeña, redondeada y bien dibujada. Los ojos, centrados, son vivaces, y el pico, de peque-

ñas dimensiones. El cuello, elegante y fino, separa claramente la cabeza del tronco, uniéndose a ambos de forma armoniosa.

• El tronco se presenta armonioso y bien dibujado, con formas redondeadas. El pecho se orienta hacia abajo. El dorso, que debe seguir ligeramente curvo hasta la cola, está bien perfilado y ligeramente redondeado en los hombros.

• Las alas son compactas, bien adheridas al cuerpo, perfectamente acabadas en las puntas, un poco más debajo de la raíz de la cola. Las extremidades no deben cruzarse nunca.

• Las patas son finas y de mediana longitud, con el muslo que prácticamente no sobresale del plumaje, en armonía con el resto.

• El plumaje es fino, brillante, sedoso; liso y bien adherido al cuerpo, no debe presentar nunca arrugas o asperezas, sino que debe resaltar al máximo la forma del animal.

• La cola ha de estar proporcionada con respecto a la talla, y debe ser llena y redondeada en la raíz; tiene una estrechez uniforme en toda su longitud y la punta no debe ensancharse ni partirse.

• La posición es semierguida, con un ángulo de 60° calculado entre las patas y la cola; el porte alegre, vivaz y ligeramente pretencioso viene dado por la cabeza del pájaro, que debe dar una impresión general de domesticidad, salud y gran movilidad.

• El color, aun tratándose de una característica secundaria en los canarios de forma y postura, tiene su importancia; aunque la mayor parte de los ejemplares que se crían son nevados, los animales claros están muy buscados. El plumaje debe ser estrictamente natural —lo que significa que están prohibidas las coloraciones artificiales—, rico, blando y puro.

• La talla no debe ser inferior a las 5 pulgadas y media (14,6 cm); en general, se consideran ejemplares óptimos los que están fuera de talla, mientras que se penalizan los que son demasiado pequeños.

Temperamento y cualidades: el Border es alegre y vivaz; sus movimientos nunca son descompuestos o frenéticos, y no es conflictivo. Es «inteligente» y doméstico, muy robusto y muy cariñoso. Su canto es agradable y armonioso.

El Border es un criador excelente y desteta a los pequeños a las cuatro semanas aproximadamente. Los jóvenes son magníficos voladores y por esta razón es muy adecuado ponerlos en jaulas grandes en cuanto se hacen independientes.

Un ejemplar de Border manchado intenso en el que se aprecia la tipicidad de la raza

EL COLOR DEL BORDER

La coloración artificial está totalmente prohibida desde 1901, año en que se presentó la primera moción contra la alimentación colorante en una reunión plenaria entre todos los miembros del Border Club. Ya en 1895 se había intentado obtener la eliminación de la alimentación colorante, pero el problema había quedado sin resolver durante seis años. Los colores más apreciados son el amarillo (intenso y mosaico), el isabela, el blanco nieve y el amarillo naranja. Salvo el amarillo y el blanco, los otros colores presentan en el dorso y en las alas unas débiles manchas oscuras, los *pencilling*, que en los ejemplares más apreciados han de ser simétricos.

Reproducción: es uno de los canarios ingleses más prolíficos, y puede criar tres nidadas al año sin grandes dificultades. Por lo tanto, con el Border se pueden obtener tranquilamente 10-12 pequeños al año por cada pareja reproductora. Conviene tener presente que los animales que se destinan a la reproducción deben ajustarse perfectamente al estándar, con plumaje monocolor, y combinando mosaico × intenso y nunca intenso × intenso.

Por lo que respecta a los reproductores de la variedad verde, no deben tener el color vaporoso o con pequeñas manchas amarillas, sino que deben ser de color verde hierba compacto.

LOS DEFECTOS DEL BORDER

Se considera un defecto grave la cabeza ancha y plana con pico ancho y grande; el plumaje embrollado y la cola partida se consideran defectos que pueden significar la descalificación del ejemplar.

Fife Fancy

Es uno de los canarios ingleses más difundidos en el mundo. Su fortuna se debe a su talla reducida y su gran resistencia.

País de origen: Escocia, condado de Fife.

Orígenes e historia: se trata de una raza reciente, cuyo estándar definitivo fue codificado en 1957 por Walter Lumsden, y aprobado en el mismo año. Los criadores, que desde hacía ya tiempo veían que el Border estaba aumentando mucho de

FIGURA ESTÁNDAR
DEL FIFE FANCY

EL PLUMAJE DEL FIFE

En esta raza tampoco se admite la coloración artificial. Sin embargo, el plumaje del Fife es extraordinariamente coloreado y presenta variedades como el verde, el canela, el blanco, el amarillo y el pizarra, con una cantidad increíble de manchas.

Un Fife canela

Un Fife verde intenso

talla, decidieron crear una raza nueva, idéntica en cuanto a características al Border, pero de talla más reducida. Así nació el Fife, un Border en miniatura, obtenido cruzando los ejemplares más pequeños y que mejor representaban la característica forma de «bola».

Descripción de la raza: vale todo lo dicho para el Border, con la puntualización de que en el Fife la talla ideal es de 11 cm como máximo y que la selección busca ejemplares cada vez más pequeños.

Temperamento y cualidades: es un canario extraordinariamente alegre, vivaz y muy rústico. Este animal adaptable y dócil es adecuado para criadores de todo tipo.

LOS ANILLOS DE BORDER Y FIFE

La reglamentación de los anillos prevé que se adopten anillos tipo C o B, que se diferencian por la medida, según la raza.

Reproducción: es un gran reproductor, incansable en el destete de los pequeños. Puede tener tres nidadas anuales, y a veces se usa como nodriza para canarios de otras razas menos «criadoras», pese a la talla mayor.

Un Fife blanco

Norwich

El Norwich ha sido definido con gran acierto como el «Maciste» de los canarios por sus formas redondeadas y poderosas. Lo crían pocos ornicultores expertos y no goza de la difusión que merecería por su belleza. Probablemente las dificultades de la cría y el factor precio, en relación con el de la mayor parte de los otros canarios de forma y postura lisos, son un freno para su difusión.

País de origen: Inglaterra, condado de Norfolk, más concretamente la ciudad de Norwich.

Orígenes e historia: el Norwich que se conoce y se cría actualmente es una conquista reciente. De todos modos, la raza inicial tiene antiguos orígenes. Los primeros ejemplares que dieron vida al tronco original llegaron a Inglaterra con los tejedores flamencos que se trasladaron en masa al condado de Norfolk a finales del siglo XVI huyendo de la opresión española. Los primeros canarios Norwich tenían una talla de unos 12 cm y un cuerpo mucho más ahusado de lo que preconiza el

Un ejemplar de Norwich en posición atenta

estándar actual. El primer Norwich de talla grande, obtenido con el cruce entre el Norwich pequeño y el Lancashire, fue expuesto por vez primera en el año 1887 en Ipswich. El Norwich, considerado entonces como un canario de color, fue definido como canario de forma y postura en febrero de 1890, cuando nació la asociación que propuso su estándar definitivo.

Descripción de la raza: el Norwich es un canario de formas redondeadas, compacto pero no obeso, que ha de dar la impresión de un pájaro fuerte, tranquilo y sano.

• La cabeza es redonda y grande; tiene el pico pequeño, corto y cónico, en línea con el ojo, que debe ser descubierto, centrado y sin ceja o con ceja hacia atrás.
• El cuerpo, macizo y robusto, presenta la curva del pecho a partir de la parte inferior del pico hasta la inserción de la cola, formando un semicírculo constante. El dorso es ligeramente bombeado. El cuello es corto y lo más lleno posible. Las alas son cortas y están adheridas al cuerpo.

FIGURA ESTÁNDAR DEL NORWICH

• Las patas son de longitud mediana. Las patas cortas o largas son un defecto porque dan lugar a una posición del cuerpo demasiado caída o demasiado espigada.

• El plumaje es corto, abundante, bien adherido para dibujar claramente la silueta. No debe tener rebufos. La cola de gallo y la mantelina son defectos graves.

• La cola es estrecha, corta, bien cerrada y llena, llevada a media altura. Son defectos tanto la cola alzada como la cola caída.

• La posición no es demasiado erguida, pero con el cuerpo siempre bien separado de la percha, y da una expresión de calma y altivez.

• El color brillante y sedoso ha de ser amarillo naranja uniforme, y puede ser mosaico o intenso, natural o enriquecido artificialmente. Es importante que la coloración sea homogénea. Los colores claros o los ejemplos con manchas simétricas son apreciados.

• La talla actual gira alrededor de los 16 cm. Se penalizan los ejemplares que están por debajo de la talla y no se prefieren los de talla superior. El Norwich lleva anillo de tipo C.

Temperamento y cualidades: buen cantor, dócil, alegre y domesticable, este cana-

EL NORWICH CRESTED

En el periodo previo a la segunda guerra mundial, el Norwich con penacho se criaba mucho en Inglaterra y se conocía también fuera del país de origen. Después del conflicto, la raza se perdió y fue sustituida por el Crest, por lo cual hoy en día ya no se produce.

rio es muy sociable. Es un pájaro vivaz y despierto, y casi nunca se muestra inquieto o agitado, razón por la cual puede vivir en estrecho contacto con el criador.

Reproducción: el apareamiento debe ser siempre intenso × mosaico para prevenir la formación de *lumps*, unas excrecencias de grasa y plumas que no llegan a desarrollarse.

Los ejemplares aquejados de *lumps* no deben usarse nunca para la reproducción, porque, aunque se les practique una intervención para su extracción, formarán otros en poco tiempo.

El Norwich no es un gran reproductor, y las dificultades que tiene para destetar a los pequeños a menudo obligan a los criadores a buscarles nodrizas.

Ejemplar de Norwich que evidencia la tipicidad de la raza en las formas redondeadas

Un Norwich nacido en 1998 aclamadísimo en los Campeonatos del Mundo de Pescara (Italia) de 1999

Crest y Crestbred

Es un canario bastante difícil y está destinado a ornicultores expertos. Existen dos tipos, uno con penacho y otro sin: Crest y Crestbred. Últimamente, los criadores han obtenido éxitos notables en la selección de esta raza, que tiene orígenes antiguos.

País de origen: Inglaterra, condado de Norfolk.

Orígenes e historia: es un canario antiguo, generado a partir de ejemplares Norwich, con los cuales ha conservado un cierto parecido. Los ingleses, que desde siempre han mostrado un gran interés por los canarios con penacho, intentaron crear un Norwich con penacho (Norwich crested), pero no consiguieron sus propósitos. Así, pensaron en dar vida a una raza creada de forma expresa para lucir los vistosos mechones típicos del Crest.

FIGURA ESTÁNDAR DEL CREST EN SUS DOS VARIEDADES

Crest

Crestbred

Un Crestbred visto frontalmente muestra la redondez de las formas y el tamaño de la cabeza con las tupidas cejas

Recurrieron al Crestbred, ejemplares de cabeza lisa, indispensables para la reproducción. De hecho, es imposible llegar a aparear dos ejemplares con penacho, porque el doble penacho determina el nacimiento de una prole con el cráneo abierto, que muere al poco tiempo.

A finales del siglo XVIII se iniciaron los apareamientos selectivos entre Norwich y Lancashire coppy, que dieron lugar al Crest. La raza, sin embargo, no se estabilizó y no fue codificada hasta el siglo siguiente, sobre todo por las dificultades en fijar las características típicas.

Descripción de la raza: es un canario de aspecto redondo, tranquilo y en un cierto sentido también un poco tontito, sobre todo en los ejemplares con penacho.

• La cabeza puede tener penacho o ser lisa. La cabeza con penacho tiene plumas largas, anchas y veteadas, que se irradian desde un pequeño centro y caen cubriendo ojos y pico. El penacho ha de ser compacto y carente de oquedades, rebufos o irregularidades. Es preferible un penacho caído que uno plano, aunque esté bien lleno en la nuca y sin barbas. La cabeza lisa es redonda y tiene cejas espesas y compactas que confieren al animal una expresión enfurruñada. El pico es pequeño.

• El cuerpo del Crest es más esbelto que el de su progenitor Norwich; tiene el dorso ancho y bombeado, con tendencia cilín-

Un Crest reposando en la percha

drica, como el Ciuffolotto, que los ingleses usan como término de comparación. El cuello debe ser potente y lleno, para dar al pájaro una expresión de fortaleza.

• Las patas son cortas y extendidas hacia atrás, lo cual da al canario su posición típica. Las patas demasiado largas u orientadas hacia delante constituyen un defecto grave.

• El plumaje debe ser abundante, compacto y rico. Es importante la presencia de plumas de gallo, es decir, plumas que caen por los flancos a partir de la raíz de la cola. La presencia de plumas largas que fluyen desde el dorso hacia las alas (mantelina) constituye una virtud de cierta relevancia.

• La cola ha de ser corta y estrecha; una cola demasiado larga es un defecto grave.

• La posición correcta es la que mantiene el canario en tensión continua en la diagonal estando semierguido a 40°.

• El color artificial no está admitido, pero sí lo están todas las coloraciones naturales. Los animales con manchas simétricas son muy apreciados, así como los monocromos claros con penacho oscuro.

• La talla es discreta y nunca debe ser inferior a 16-17 cm. Se prefieren los ejemplares de talla grande, pero no obtienen más puntuación. En cambio, se penaliza la talla por debajo de este valor. Para el Crest se utilizan anillos del tipo C.

Temperamento y cualidades: es un canario tranquilo, bonachón, de temperamento dulce y confiado. Es sociable y poco propenso a los conflictos, y convive en el periodo de la reproducción sin duelos entre los machos. Posee una capacidades canoras discretas y puede ser domesticado fácilmente.

Reproducción: es un canario poco prolífico, no demasiado buen criador. A veces, incluso, los ejemplares con penacho deben ser ayudados cortándoles el penacho para que vean mejor a los pequeños cuando les dan la comida. Muchos criadores utilizan canarios nodriza para ayudar a los Crest hasta el destete de las 2 o 3 nidadas anuales. El apareamiento idóneo es Crest × Crestbred, que produce ejemplares con penacho y de cabeza lisa. En la búsqueda de buenos ejemplares de cabeza lisa se puede recurrir al apareamiento de Crestbred × Crestbred. Nunca se debe buscar un penacho más grande apareando Crest × Crest porque, como ya se ha dicho, el doble penacho constituye un factor letal.

UNA PARTICULARIDAD

Los Crest son canarios muy propensos a los *lumps*, que, recordemos, son excrecencias de grasa y plumas en las alas y en el dorso. La presencia de bultos en el rico plumaje puede indicar la existencia de este defecto. En las competiciones, el juez que sospecha de la presencia de *lump* puede sacar al canario de la jaula para examinarlo.

El Crestbred es un canario de carácter tranquilo, fácilmente domesticable

Gloster

El Gloster es una raza reciente que ha experimentado una rápida expansión y ha obtenido un éxito notable en todo el mundo. Es un canario vivaz, agraciado, alegre y robusto, razón por la cual está perfectamente indicado para aficionados que se inician en la cría.

FIGURA ESTÁNDAR DEL GLOSTER EN SUS DOS VARIEDADES

Gloster corona

Un defecto: el pico grueso

Un defecto: el penacho demasiado grande

Un defecto: la cabeza plana

Gloster consort

País de origen: Inglaterra, condado de Gloucester.

Orígenes e historia: la raza fue reconocida oficialmente en 1925, pero su nacimiento se debe a la tenacidad de una criadora de Cheltenham, la señora Rogerson, que en 1918 dio inicio a un cuidadoso proceso de selección, cruzando Crest de talla pequeña con cantores Harzer y con pequeños Border, decantándose siempre por la talla pequeña. Su deseo, irrealizado, era llegar a los 11,5 cm. La mayor parte de los ejemplares actuales mide alrededor de los 12,5 cm.

Descripción de la raza: el Gloster tiene dos variedades, como el Crest, de penacho y cabeza lisa. El Gloster de penacho recibe el nombre de «corona» y el de cabeza lisa, «consort». En este caso también el doble penacho es letal y el mejor apareamiento es siempre corona × consort. Aparte del penacho, la raza se caracteriza por sus pequeñas dimensiones. Actualmente, todavía se mantiene la aspiración de alcanzar los 11,5 cm, que son el ideal expresado en el estándar original.

Primer plano del penacho de un Gloster corona: óptima longitud y centrado del plumaje, pero no del dibujo en color verde

Primer plano de la cabeza de un Gloster consort verde, con las tupidas cejas

Ejemplar de Gloster consort del color que más abunda, el verde-bruno

• La cabeza del corona ha de presentar un penacho compacto, redondo, que se irradie desde un punto central y se detenga en la mitad del ojo. Es más pequeño que el penacho del Crest, pero debe tener sus mismas características de homogeneidad, definición del contorno y anchura de las plumas. El pico también debe ser visible a medias. La cabeza del consort es grande, redonda y con un pico pequeño y cónico, y ha de tener cejas bien marcadas. El conjunto cabeza-cuello y pecho-hombros debe formar un bloque único.

• El cuerpo es corto, redondo, bien lleno en todos sus puntos. El pecho y los hombros son anchos y el dorso ligeramente abombado. La línea ventral es redondeada a partir de la parte inferior del pico y baja armoniosamente hasta la inserción de la cola.

• Las patas son finas y elegantes, de longitud media y con el muslo siempre oculto.

• El plumaje debe ser liso, perfectamente adherido al cuerpo, y ha de marcar claramente los contornos del canario.

• La cola es corta, estrecha y compacta, en línea con el cuerpo.

• La posición correcta es semierguida, con las alas bien cerradas y una expresión siempre alegre.

• El color no tiene importancia: intensos y mosaicos, monocromos o nevados, los Gloster no se juzgan por el manto. Sin embargo, los ejemplares claros con corona oscura o los ejemplares con manchas simétricas están muy buscados por los criadores. La coloración artificial no está admitida.

• La talla ideal es de 11,5 cm. Se penalizan por estar fuera de talla los ejemplares que superan los 13 cm. El anillo es del tipo B.

Temperamento y cualidades: vivaz, alegre, doméstico, robusto, rústico, el Gloster es un magnífico pájaro de compañía, a lo que contribuye su canto melodioso y rico, herencia de los progenitores Harzer.

Reproducción: es buen reproductor y cría magníficamente a la prole. El apareamiento es siempre corona × consort, y las nidadas con 5 o 6 pequeños son habituales. Para mantener las características típicas se aconseja recurrir a menudo, aunque no siempre, a los apareamientos mosaico × mosaico, en lugar del tradicional intenso × mosaico. Los jóvenes Gloster se destetan más rápidamente que los otros canarios, y por esta razón no es de extrañar que una pareja pueda tener cuatro nidadas en cada temporada de reproducción.

Lancashire

Es el primer canario con penacho que se recuerda en la historia de la canaricultura. Se presenta en dos variantes, con o sin penacho: Lancashire coppy y Lancashire plainhead, respectivamente. Es un canario para criadores expertos.

País de origen: Inglaterra, condado de Lancashire (ciudad de Manchester en particular).

Orígenes e historia: sus orígenes son motivo de controversia. Se sabe que se criaba en el siglo XVIII en la forma de cabeza lisa. A mediados de siglo aparecen los primeros ejemplares con penacho. Casi con toda seguridad el penacho es una mutación genética espontánea y no buscada, pero a partir de su aparición la selección se

Un Lancashire coppy —es decir, con penacho— en posición

FIGURA ESTÁNDAR DE LAS DOS VARIEDADES DEL LANCASHIRE

Lancashire coppy

Lancashire plainhead

efectuó en esta dirección. Entonces recibió el nombre de Manchester coppy. En un intento de reconstruir su árbol genealógico podríamos suponer, con muchas probabilidades de no errar, que hay Holandeses del Norte y Bossus belgas cruzados con canarios «autóctonos» de Manchester. La selección del penacho se llevó a cabo con mucho esmero y tan científicamente que esta característica se ha quedado tan bien fijada que ha podido ser transmitida a otras razas como el Crest y el Gloster. También contribuyó a la creación del canario York, que lo sustituyó en el corazón de los criadores ingleses, hasta el punto de que la raza llegó casi a extinguirse. En el periodo de entreguerras había sólo unas pocas docenas de Lancashire, y después de la segunda guerra mundial la raza estaba prácticamente extinguida. No fue hasta los años cincuenta que, por obra de los criadores ingleses Munday y Roberts primero, y del belga Bernard después, la raza se recuperó, aunque con una diferencia importante respecto al tipo original, ya que no se logró obtener el penacho en for-

Un Lancashire plainhead — o lo que es lo mismo, con la cabeza lisa— en posición

UN LANCASHIRE EN MINIATURA, EL RHEINLANDER

El Rheinlander es una raza seleccionada en Gran Bretaña, todavía no reconocida fuera de su país de origen. Se trata de una miniaturización del Lancashire. Su talla es de 12 cm, y se presenta con las variantes de penacho y cabeza lisa. En relación con su progenitor de talla superior tiene un plumaje más bello y compacto. Solamente están admitidas las coloraciones amarilla y blanca, como para el Lancashire. Es una raza que, de ser reconocida oficialmente, como parece que ocurrirá, dentro de poco, dará que hablar, con toda seguridad.

ma de herradura con la perfección de antaño. Todavía hoy, después de muchos años de selección a partir del York cruzado con el Crest, no se ha logrado obtenerlo.

Descripción de la raza: es un canario de talla grande que casi siempre está por debajo de la medida deseada por el estándar

y que todavía no presenta el penacho en forma de herradura perfecto. En cualquier caso, hoy en día se puede admirar ejemplares Lancashire de buen nivel en todas las muestras ornitológicas.

• La cabeza se presenta con penacho o lisa. El penacho ha de cubrir la cabeza por delante hasta la mitad del ojo llegando a esconder la parte superior del pico. La nuca ha de ser despejada y bien lisa, ya que el penacho ha de terminar inmediatamente detrás del ojo. La cabeza lisa debe ser ancha y ligeramente plana en la parte superior. También debe presentar cejas tupidas, pero que no lleguen a cubrir el ojo.
• El cuerpo es largo y delgado, y presenta el punto de mayor expansión entre el pecho y el abdomen.
• Las patas son largas y fuertes, con una parte de la tibia visible.
• El plumaje es largo y está bien adherido al cuerpo.

Un ejemplar de Lancashire plainhead

Primer plano del penacho de un Lancashire coppy, que le recubre de una forma característica la cabeza

• La cola es larga y pesada, y de porte ligeramente caído, de modo que forma una ligera curva en el perfil del animal, que mostrará la parte terminal de las alas ligeramente separada del cuerpo, precisamente por efecto del porte de la cola.

• La posición es erguida, casi vertical, de manera que permite apreciar claramente la talla importante que debe tener este canario.

• Los colores admitidos son el amarillo (intenso y mosaico) y el blanco. No están admitidos los colores artificiales ni las manchas, salvo algún pequeño jaspeado verde o pizarra en el penacho.

• La talla no debería bajar de los 22 cm, aunque no se penalizan los ejemplares de talla ligeramente inferior ni especialmente superior. Es más, estos últimos son muy apreciados por los criadores. Se utilizan anillos de tipo C.

Temperamento y cualidades: es un canario muy tranquilo, lento y de movimientos pesados. Es dócil y sociable.

Reproducción: se reproduce con dificultades y le cuesta criar la prole. Por ello está indicado sólo para criadores con experiencia. Se debe aparear siempre coppy × plainhead e intenso × mosaico.

UNA CARACTERÍSTICA DEL LANCASHIRE

Este canario, para equilibrarse y mantener la posición requerida por el estándar, tiende a tener las patas ligeramente separadas, flexionándolas lo necesario para la posición erguida.

Un Lancashire coppy moviéndose en la percha

Yorkshire

Es un canario imponente y elegante que, según los ingleses, es la obra culminante de la canaricultura nacional (en verdad muchos criadores ingleses lo consideran la obra culminante de la canaricultura mundial...).

País de origen: Inglaterra, condado de York.

Orígenes e historia: la historia de este canario tiene fechas concretas. En 1870, algunos criadores de la localidad de Bradford decidieron trabajar conjuntamente en la creación de una raza nueva partiendo del Lancashire plainhead para generar un canario de talla grande, pero a la vez más elegante y armonioso que el Lancashire. Para ello cruzaron el Lancashire con el Bossu belga y con el Norwich. De las crías obtenidas eligieron las hembras más elegantes y estilizadas y las volvieron a cruzar con machos Lancashire. Con este proceso se consiguió elaborar un primer estándar que preveía un pajarito largo, delgado y de cabeza pequeña. Este estándar registró muchas modificaciones con el paso del tiempo, hasta que

Primer plano de la cabeza del Yorkshire que refleja también el tamaño del canario al compararlo con la mano del criador

en los años cincuenta se fijó el estándar del York moderno en el que se requieren unas formas más imponentes.

Descripción de la raza: el estándar actual del York es, con algún retoque mínimo, el que fue aprobado en 1962 por la asociación de criadores ingleses. Se trata de un canario de talla grande y porte imponente.

• La cabeza no puede ser considerada en sí misma, sino en una visión conjunta con el cuello, los hombros y el pecho. La cabeza es redonda, lisa y tiene un perfil limpio. Los ojos son grandes, están bien centrados y tienen cejas marcadas. El

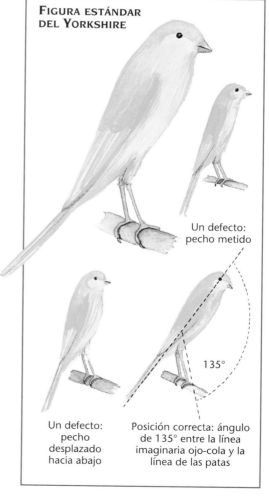

FIGURA ESTÁNDAR DEL YORKSHIRE

Un defecto: pecho metido

135°

Un defecto: pecho desplazado hacia abajo

Posición correcta: ángulo de 135° entre la línea imaginaria ojo-cola y la línea de las patas

Un Yorkshire blanco

La característica típica de la raza Yorkshire consiste en lograr el punto de máxima anchura en la zona del cuello

conjunto que hemos citado tiene en el punto de fusión entre el pecho y la cabeza la máxima expresión de la anchura del canario. Se suele decir que tiene forma de una zanahoria de grandes dimensiones.

• El cuerpo es redondo y se estrecha a partir de la zona del pecho y el cuello, hacia la cola. El cuerpo cilíndrico se considera un defecto grave.

• Las patas son largas y equilibradas.

• El plumaje está adherido al cuerpo; es corto, compacto y totalmente liso, de modo que se ven bien las alas cerradas, que nunca deben cruzarse en el dorso, ni estar caídas sobre los flancos.

• La cola es compacta y cerrada.

• La posición típica es erguida, en continuo movimiento para mantenerla mucho tiempo. El canario se aferra y suelta continuamente la percha buscando la extensión máxima del cuerpo. La posición ideal es a 135° con respecto a la percha, con patas apretadas y extendidas.

• El color debe ser lo más homogéneo posible, intenso o mosaico, sin variacio-

DOS PARTICULARIDADES

Este canario tiende a mantener la posición ideal especialmente por la mañana. Luego, a lo largo del día, el cansancio le hace descomponer la posición.
Cuando la temperatura es baja tiende a hinchar el plumaje y, por consiguiente, pierde gran parte de su elegancia.

nes de intensidad, sobre todo si está coloreado artificialmente.

• La talla es de 17,5 cm. Se utilizan anillos del tipo C.

Temperamento y cualidades: es un canario muy doméstico, extraordinariamente sociable, con una mirada orgullosa y una elegancia natural en los movimientos. Posee un canto melodioso.

Reproducción: es importante destacar que siempre se debe aparear intenso × mosaico. La reproducción no presenta excesivas dificultades, pero se debe «trabajar» con ejemplares no demasiado grandes, jóvenes y en perfectas condiciones de salud, puesto que de lo contrario es complicado obtener crías. Los pequeños se desarrollan más lentamente que en las otras razas, y con frecuencia la primera nidada de los ejemplares de un año no llega a buen fin. Además, es un canario no excesivamente robusto y, por lo tanto, requiere un trato cuidadoso. Esto significa que no debe explotarse en exceso, procurando que los ejemplares jóvenes o los demasiado ancianos tengan más de dos nidadas al año.

Un Yorkshire naranja

Scotch

Es un canario antiguo, extinguido en su forma original y «reconstruido» posteriormente hace pocos años

País de origen: Escocia.

Orígenes e historia: la raza fue seleccionada en la localidad de Girvan desde principios del siglo XIX y se difundió por toda Escocia. Su típica forma de media luna fue característica desde sus inicios, cuando todavía se llamaba Girvan o, más tarde, Glasgow Fancy. Hacia finales del siglo XIX, en un intento de mejorarlo, fue cruzado con el Bossu, pero este cruce desnaturalizó sus características y llevó la raza a la extinción. En 1970 se inició la «reconstrucción» que hoy podemos valorar positivamente, a tenor de la buen calidad de los Scotch modernos.

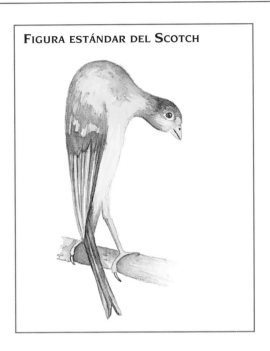

FIGURA ESTÁNDAR DEL SCOTCH

Un Scotch manchado nevado

EL SCOTCH EN CONCURSO

En las muestras ornitológicas, las jaulas tienen las barras en donde se posan los canarios a una distancia de 11 cm. Esto permite al canario saltar de una barra a otra sin abrir las alas ni desequilibrarse para buscar la posición típica.

Un Scotch amarillo intenso, con excelente forma, pero con un plumaje algo escaso

Descripción de la raza: la característica es la forma de media luna con la cola llevada por debajo de la barra.

• La cabeza es pequeña, ovalada, ligeramente plana.
• El cuerpo es largo, delgado, esbelto y cilíndrico.
• Las patas son largas, ligeramente flexionadas y con los muslos bien visibles.
• El plumaje es liso y cerrado, lo que da al pájaro un contorno muy nítido.
• La cola es larga y estrecha, y pasa por debajo de la barra.
• La posición es fundamental: el animal no la mantiene fija mucho rato, sino que debe moverse a menudo y «volver a la posición». La curvatura teórica máxima es de 180°.
• El color no es importante, y no se admiten las coloraciones artificiales.
• La talla no debe ser inferior a los 17 cm. No se penalizan las tallas mayores. Lleva anillo del tipo B.

Temperamento y cualidades: canario muy vivaz, continuamente en movimiento sobre la barra, de carácter tranquilo y sociable.

Reproducción: se reproduce sin dificultades y cría bien a la prole.

Lizard

Es el canario más antiguo, uno de los que más gustan y, en mi opinión, uno de los pájaros domésticos más bonitos por su figura, coloración y comportamiento.

Países de origen: Francia e Inglaterra, porque todo parece indicar que los primeros ejemplares que llegaron a Inglaterra lo hicieron con los hugonotes que

emigraron a mediados del siglo XVI. Sin embargo, la raza fue codificada en Inglaterra, y hoy en día está reconocida universalmente como una raza inglesa.

Orígenes e historia: es un canario que presenta las mismas características desde hace más de 400 años. Esto nos permite deducir que siempre se ha considerado un animal perfecto y explica por qué nadie ha intentado aportar modificacio-

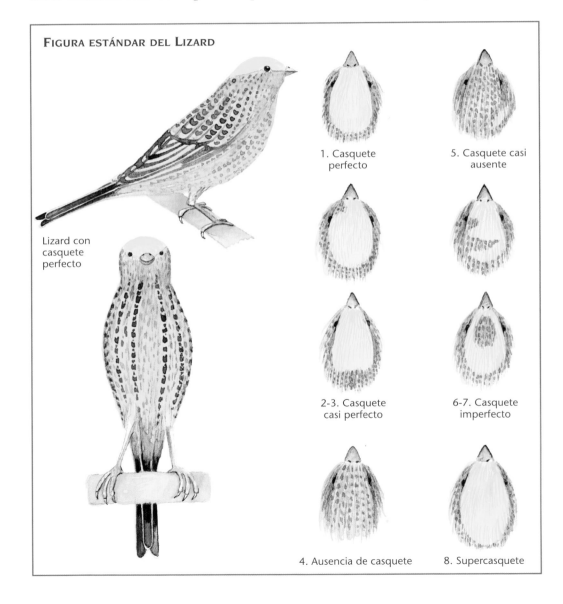

FIGURA ESTÁNDAR DEL LIZARD

Lizard con casquete perfecto

1. Casquete perfecto

5. Casquete casi ausente

2-3. Casquete casi perfecto

6-7. Casquete imperfecto

4. Ausencia de casquete

8. Supercasquete

Primer plano de la cabeza de un Lizard sin casquete, en el que se aprecia el perfecto dibujo de las escamas. Un ejemplar sin casquete pero con un dibujo tan perfecto puede ser considerado excelente

nes a la raza. Desde la segunda mitad del siglo XVI en adelante este canario se ha criado con gran esmero en Inglaterra, siguiendo los mejores criterios de selección. Está difundido por toda Europa. Nunca ha sido el canario más criado, ni protagonista de la moda, pero, en cambio, ha tenido siempre el favor de un sector de entendidos, gracias a los cuales se ha conservado la raza. Muchos ornicultores consideran que es un canario difícil de entender porque para apreciarlo hay que saber observar los matices y el dibujo sin dejarse tentar por canarios de más color, más grandes o más llamativos. En las muestras ornitológicas no es raro oír comentarios superficiales del tipo «¡Ya me dirás tú qué les ven a estos canarios verdosos!». Si alguien opina esto después de haber estado observándolo atentamente, más le vale dedicarse a criar peces rojos y olvidarse de los canarios...

A lo largo de su historia ha conocido prácticamente siempre un buen nivel de difusión, salvo en el periodo de entreguerras y en la segunda posguerra, momentos en que se calcula que no había más de cincuenta Lizard en toda Inglaterra y otros cincuenta en el continente. Gracias a Robert Yates de Wolverhampton, fundador de la Lizard Canary Association (LCA) en 1945, la raza se recuperó y volvió a os-

tentar nuevamente el lugar que se merecía en el panorama de la canaricultura. El mecanismo que puso en marcha Yates fue simple: convenció a los pocos criadores de Lizard que quedaban para que respetaran los criterios de cría tradicionales, y les propuso no vender crías fuera del marco de la LCA durante un cierto periodo de tiempo. El objetivo de esta política era llegar a disponer de un número de ejemplares suficiente para alejar el peligro de extinción. En pocos años la raza se difundió por todo el mundo y actualmente se cría, aunque no en gran número, con resultados magníficos en muchas partes del mundo: en Inglaterra, el resto de Europa, Estados Unidos, América Central y del Sur, Australia y Nueva Zelanda.

Descripción de la raza: este canario debe su nombre a su particular coloración y al dibujo en forma de escamas que recubre la parte dorsal y los flancos, que le da un aspecto que recuerda al de una lagartija (en inglés *lizard* significa precisamente «lagartija»). Aunque está incluido en el grupo de canarios de forma y postura, sería más correcto considerarlo un canario de dibujo y color. Existen dos variedades, Gold Lizard y Silver Lizard, es decir, «dorado», que es el ejemplar intenso, y «plateado», que corresponde al mosaico.

Un Lizard amarillo oro sin casquete que muestra un dibujo homogéneo en todo el cuerpo

Un Lizard plateado con casquete manchado visto frontalmente

• La cabeza es uno de los puntos fundamentales para el juicio de la raza. Existe una doble línea de juicios. La primera es la que se sigue en las muestras, que premia a los ejemplares con la mancha

Un Lizard con casquete perfecto, ligeramente abundante en la nuca, que muestra también un dibujo perfecto

de la cabeza limpia, ovalada, con los contornos bien definidos, que partiendo de la parte superior del pico llega hasta la nuca; o también los ejemplares sin mancha en la cabeza, pero con dibujo de escamas en el cuerpo. El segundo criterio se utiliza para la elección de los reproductores, que también valora los ejemplares con la mancha de la cabeza fragmentada, irregular o abundante, pero que pueden ser reproductores muy útiles si el dibujo de las escamas del cuerpo está bien definido.

• El cuerpo debe ser redondeado y armónico, y debe expresar agilidad y vivacidad. En la valoración de esta raza este último aspecto tiene una importancia relativa. Es mucho más importante el dibujo que forman las escamas: pequeñas medias lunas dispuestas en hileras paralelas que corren, aumentando en dimensión, desde la cabeza hasta la parte terminal del dorso *(spangling)*. Hay también un ligero dibujo de escama en el pecho y en los costados, aunque menos marcado que el dibujo dorsal *(rowings)*.

• Las patas son ligeras, mejor cuanto más oscuras, casi negras, como el pico. La coloración carne en las patas y las uñas blancas está penalizada.

EL COLOR DE LA MANCHA DE LA CABEZA

La mancha de la cabeza ha de ser de color amarillo intenso y cargado en los Lizard dorados y amarillo limón homogéneo pero más claro en los Lizard plateados. La mancha interrumpida tiene siempre el amarillo como color dominante y, en la parte en la que hay la interrupción, debe aparecer el dibujo característico.

En Gran Bretaña, el Lizard se colorea con carotenoides, por lo cual presenta un plumaje con reflejos cobrizos

• El plumaje debe estar bien adherido al cuerpo y ser fino y blando, con un color de base verde oscuro, sedoso en los dorados, aterciopelado en los plateados.
• La cola es recta y oscura, casi completamente negra, igual que las alas.
• La posición es semierguida a 45° aproximadamente con respecto a la barra, con actitud orgullosa y vivaz, y con movimientos compuestos.
• El color verde de base se mezcla con el amarillo oro en los intensos y con el gris plata en los plateados. No puede tener ninguna zona clara. En Inglaterra es obligatoria la coloración del plumaje con carotenoides, debido a lo cual el amarillo de base se transforma en naranja.

EL LIZARD AZUL

EL Lizard azul es muy raro. Es un canario muy bonito, en el que el blanco sustituye al lipocromo de base amarillo. Esta coloración de base diferente, acompañada del dibujo típico, crea el efecto azul del manto.

• La talla oscila entre los 12,5 y los 13 cm. Se utilizan anillos del tipo B.

Temperamento y cualidades: doméstico, robusto, vivaz, dotado de una notable capacidad de canto. Es uno de esos canarios que se puede definir como «inteligente», por su capacidad de relación con el criador.

Reproducción: es un animal frugal y prolífico, uno de los canarios que cría mejor a la prole. El apareamiento ideal es siempre dorado × plateado y mancha en la cabeza × sin mancha, o también sin mancha × mancha fragmentada.

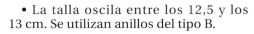

Un Lizard plateado con casquete perfecto

Irish Fancy

El Irish es un canario cuyo estándar todavía no está aprobado, pero su cría está
bastante extendida en Gran Bretaña, en
donde se expone ya en las muestras. Todo parece indicar que, igual que en el caso del Rheinlander, el reconocimiento
oficial por parte de los organismos oficiales no tardará en llegar.

En Europa se empiezan a ver algunos
ejemplares de esta raza, que se caracteriza por una talla pequeña, alrededor de
los 13 cm, por la posición a 70° sobre la
barra y por las largas patas que dejan ver
buena parte del muslo.

Tiene la cabeza pequeña y redonda, el
cuerpo ahusado y compacto, con el cuello bien visible y las alas pegadas al cuerpo. La cola es fina y de porte recto. Las
plumas, bien adheridas al cuerpo, tienen
coloración natural. Este animal, vivaz,
alegre y magnífico reproductor, es fácil
de criar y muy simpático. Posee, además,
una buena capacidad de canto.

Un Irish verde intenso en posición atenta

Un Irish marfil nevado con una manchita gris en la cabeza: se trata de una ligera imperfección del plumaje que aún no se tiene en cuenta al juzgar los ejemplares de esta raza

London Fancy

Es una raza extinguida. Entonces, la pregunta es obvia: ¿por qué hablar de ella cuando existen tantas otras?

Desde hace años, en los textos sobre canarios ingleses no se cita casi nunca al London, que, sin embargo, merece ser mencionado por dos razones: su historia y el hecho de que un grupo de ornicultores está intentando «reconstruir» la raza.

Se cree que la raza fue creada en la región londinense utilizando ejemplares Lizard. Se sabe con certeza que a finales del siglo XVI este canario tenía un estándar fijado, que no fue nunca modificado hasta que la raza se extinguió durante la segunda guerra mundial.

Era un canario rústico, robusto y buen reproductor. Tenía un color de fondo homogéneo, normalmente amarillo pálido, con manchas simétricas en las alas. Tenía una apariencia parecida a la de un Lizard dorado sin el dibujo de las escamas y con el color de fondo claro.

Tenía la cabeza ancha y redonda, con el cuello bien dibujado y los ojos vivaces y en posición central. El cuerpo era compacto y de formas redondas, con una talla que giraba en torno a los 12,5 cm. La cola era corta y compacta, y el canario la llevaba recta.

Para «reconstruir» la raza se trabaja con apareamientos del tipo macho Lizard oro × hembra Norwich de color intenso y por debajo del patrón de talla; macho Lizard oro × hembra Border intensa; macho Lizard oro × hembra Fife intensa.

De estos cruces se debería elegir los ejemplares que presenten en mayor medida las características de coloración oscura de alas y cola, y las plumas del resto del cuerpo lo más claras posible y sin manchas.

Estos ejemplares se aparean entre ellos o nuevamente con machos Lizard oro. Es evidente que se trata de un trabajo muy largo, que merece la máxima atención.

FIGURA ESTÁNDAR DEL LONDON FANCY

LOS CANARIOS RIZADOS

Los canarios rizados, que también pueden tener penacho, se caracterizan esencialmente por los rizos de las plumas. En líneas generales, no son demasiado fáciles de criar y a veces presentan problemas en la etapa reproductiva. Sin embargo, su belleza los hace ser animales muy apreciados por los ornicultores de todo el mundo, y ello contribuye a su difusión.

En primer lugar, veremos algunos términos que deben conocerse y que son indispensables para referirse a estas razas con el lenguaje apropiado.

Un ejemplar de Padovano cabeza lisa amarillo

LOS TÉRMINOS ESPECÍFICOS

El jabot (pechera)
Cuando en los canarios rizados se habla de jabot, se hace referencia a las plumas abundantes que se rizan simétricamente en el pecho.

El manto
Se llama manto al conjunto de las plumas dorsales que, dividiéndose a lo largo de la línea mediana entre las alas, caen sobre los costados.

El bouquet
Se llama bouquet a la abundancia de rizos en los costados, típica exclusivamente de los canarios rizados.

El casco y la calota
Se habla de casco en referencia a las plumas de la cabeza orientadas hacia arriba; en cambio, se habla de calota cuando hay plumitas que caen a los lados de la cabeza.

Las hombreras
Las hombreras están constituidas por plumas rizadas que bajan de los hombros y caen en el dorso hacia los costados simétricamente.

Las plumas de gallo
Reciben este nombre las plumas que bajan desde el dorso hasta los lados de la cola, típicas de algunos rizados.

Ejemplar de Fiorino cabeza lisa amarillo en posición atenta

Un ejemplar de Padovano moñudo manchado

Ejemplar de Gibber en reposo en una jaula de reproducción

La postura en la percha del Gibber Italicus es muy particular y típica

Rizado de París

El Rizado de París, al que a veces también se llama Parisino, es sin lugar a dudas el rey de los rizados. Dentro de este grupo es el canario que más impresiona por la cantidad y la calidad de rizos.

País de origen: Francia (regiones del norte).

Orígenes e historia: los orígenes de este canario son bastante antiguos y se remontan a la mitad del siglo XIX, cuando los ornicultores del norte de Francia, que seleccionaban desde hacía tiempo Rizados del Norte excelentes, que entonces se denominaban Holandeses del Norte, decidieron crear una raza nueva que modificara la raza existente, aumentando la talla, el volumen del plumaje, la longitud y, sobre todo, el rizo. Con una selección escrupulosa y aprovechando (como siempre ocurre) algunas anomalías casuales (como es

FIGURA ESTÁNDAR
DEL RIZADO DE PARÍS

Un Rizado de París blanco (rizado de color) en posición erguida, lo cual evidencia la perfección de los rizos

el caso de las plumas de gallo), se fijaron los nuevos caracteres. En pocos años el Rizado de París se convirtió en el majestuoso canario que al entrar en el siglo XX se presentaba ya tal como lo conocemos actualmente, aunque no podemos olvidar que en los últimos 30 o 40 años el valor medio de los ejemplares ha subido mucho con relación al estándar aprobado.

Descripción de la raza: es un canario de talla grande, pesado pero armonioso, tranquilo y pésimo volador.

• La cabeza es voluminosa, en las típicas conformaciones de calota y de casco (no hay preferencia por la una o por el otro, siempre que estén bien conformados). El cuello presenta un collar tupido y completo, bien pegado a la cabeza.

Un Rizado de París amarillo, un poco asustado por la presencia del fotógrafo

están alineados, y el ángulo con respecto a la barra es de 50°.

• El color no es importante, y todos los colores están admitidos, tanto los homogéneos (el blanco sobre todo recibe el nombre de Rizado de color), como los nevados.

• La talla ha de superar siempre los 19 cm. Se premian los ejemplares de talla abundante (20-22 cm), siempre que las proporciones sean perfectas.

Temperamento y cualidades: es un pájaro tranquilo, que no resulta fácil de criar y que, por lo tanto, sólo es apto para expertos. Poco volador y pesado de movimientos, necesita atenciones especiales, sobre todo en el periodo reproductivo.

Reproducción: es una raza con notables dificultades para la reproducción. Son raras las nidadas en las que sobreviven más de dos individuos, a menos que se recurra a canarios nodriza. Tanto el macho como la hembra dan muestras evidentes de incapacidad para la cría.

• El cuerpo se caracteriza por la presencia de un jabot lleno, simétrico, largo y extendido uniformemente por el pecho y el abdomen. Los flancos son muy voluminosos y curvados hacia arriba, en donde sobrepasan, en la parte posterior, el margen de las hombreras. Estas últimas están bien separadas, son voluminosas y simétricas (son las plumas que forman el manto fluente del Rizado de París).

• Las patas son fuertes y uniformes, y tienen la característica de presentar dedos con uñas retorcidas o que se enroscan sobre ellas mismas (nunca se debe cortar las uñas a los ejemplares de muestra, pero sí es recomendable hacerlo en los reproductores, para facilitar sus movimientos).

• El plumaje es sedoso, muy voluminoso, compuesto y rico.

• La cola es recta, homogénea, completa, robusta y cuadrada, y presenta plumas de gallo visibles, largas y bien distribuidas.

• La posición es erguida, con porte altivo y majestuoso. Cabeza, tronco y cola

Un ejemplar de Rizado de París manchado que muestra el rizado típico del buche

Rizado del Norte

Es el canario rizado más antiguo. Deriva directamente de los primeros canarios con plumas rizadas en los hombros.

Países de origen: Países Bajos y Francia.

Origen e historia: sus orígenes se remontan a la mitad del siglo XIX, momento en que muchos nobles franceses se refugiaron en los Países Bajos y llevaron consigo la afición por la cría de canarios. Allí crearon esta raza, y al regresar a su patria, el Rizado desapareció en los Países Bajos. Por esta razón, la raza se considera, todavía hoy, originaria de ambos países. Durante mucho tiempo estos canarios recibieron el nombre de Holandeses del Norte, pero cuando las razas rizadas empezaron a tomar cuerpo según los distintos estándares, su nombre pasó a ser Rizado del Norte.

Descripción de la raza: es un canario fogoso y altivo, y es relativamente rústico con respecto a otros rizados.

Un Rizado del Norte amarillo, con los típicos rizos en los costados

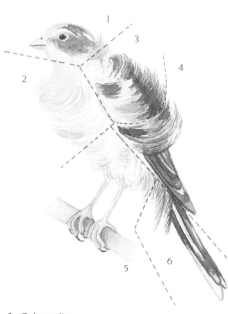

FIGURA ESTÁNDAR DEL RIZADO DEL NORTE

1. Cabeza lisa
2. Buche con forma de corazón
3. Lomo muy rizado
4. Rizos en los costados que sobresalen hacia afuera
5. Patas con uñas que no se enroscan
6. Plumas de gallo en la cola

Un Rizado del Norte manchado, con la típica división del rizado del lomo

Un Rizado del Norte manchado en posición

• La cabeza es lisa y redondeada; el cuello tiene una longitud discreta y se presenta robusto y también liso.

• El cuerpo exhibe un jabot bien pronunciado, hombros bien separados y simétricos, y flancos voluminosos.

• Las patas son largas, bien visibles, fuertes y uniformes.

• El plumaje es sedoso, abundante, compuesto, liso en el abdomen.

• La cola es recta y preferiblemente no ahorquillada. Carece de plumas de gallo.

• La posición es erguida, a unos 50° con respecto a la barra.

• El color no tiene influencia. Se admiten los mantos monocromos y manchados.

• La talla debe estar comprendida entre los 17 y los 18 cm.

Temperamento y cualidades: es un canario orgulloso y pendenciero, por lo cual conviene evitar tener los machos juntos. Por su rusticidad y robustez es más fácil de criar que el Rizado de París.

Reproducción: el Rizado del Norte es discretamente prolífico y buen criador de la prole; a veces se utiliza como nodriza para los Rizados de París.

Rizado del Sur

Este canario se caracteriza, aparte de por el plumaje rizado, por el porte en forma de siete. Cuando no adopta esta característica posición, se diferencia por el jabot.

País de origen: Francia, aunque, al igual que ocurre con el Rizado del Norte, los orígenes también tienen algo de holandeses.

Orígenes e historia: proviene del cruce del antiguo Corneta, posteriormente Rizado holandés del Norte, con el canario de Gante (actualmente desaparecido). La raza tomó la forma definitiva a finales del siglo XIX.

Descripción de la raza: este canario se presenta en la posición llamada «de trabajo» o en posición «de relax». En el pri-

El Rizado del Sur de color canela es muy raro y muy apreciado por los criadores, aunque el color no incide en la valoración de los ejemplares en los certámenes

FIGURA ESTÁNDAR DEL RIZADO DEL SUR

1. Cabeza y cuello «de serpiente»
2. Buche en cesta cerrada
3. Lomo simétrico
4. Manto voluminoso
5. Patas largas y rígidas
6. Cola en línea recta con el dorso

mer caso, la tensión de las extremidades le hace adoptar la forma de «7» característica; en el segundo caso, para relajarse se aferra a la barra con una pata y a los barrotes de la jaula con la otra, dejándose caer hacia atrás en posición de reposo.

• La cabeza es pequeña, serpentiforme y lisa, y está aguantada por un cuello liso, ligero e inclinado hacia delante, horizontalmente o casi.
• El cuerpo presenta los cinco puntos rizados de base: hombros bien separados y simétricos; flancos voluminosos y curvados hacia arriba simétricamente llegando o superando el margen de los hombros; jabot bien marcado, en forma de nido de golondrina.

• Las patas son largas, extendidas, rígidas y con las plumas adheridas.

• El plumaje es sedoso, abundante, compuesto, liso en el abdomen.

• La cola es recta, levemente ahorquillada y sin plumas de gallo.

• La posición típica es la de trabajo, en forma de «7»; el tronco y la cola están en línea casi vertical, formando con el eje cabeza-cuello un ángulo ligeramente superior a los 90°.

• El color del plumaje no presenta problemas porque están admitidos los mantos monocromos y manchados.

• La talla debe estar comprendida entre los 16 y los 17 cm.

Temperamento y cualidades: es un canario dulce, tranquilo, sociable, adaptable y rústico. Constituye uno de los rizados más fáciles de criar. Es extraordinariamente vivaz, y su capacidad de volar resulta superior a la de los otros rizados.

Reproducción: discretamente prolífico y buen criador de la prole, es el rizado más adecuado para iniciarse en los canarios de este tipo, teniendo siempre en cuenta que los rizados no son canarios para principiantes.

Un Rizado del Sur amarillo

Rizado suizo

Es un canario poco difundido y poco criado. Se encuentra sólo en Suiza, y sus orígenes son relativamente recientes. De hecho, fue reconocido en 1968. Su parecido con el Rizado del Sur es prácticamente absoluto. La única diferencia es el porte en forma de semicírculo, en lugar de la forma de «7». Lleva la cola por debajo de la barra y separa las alas de la rabadilla. Fuera de Suiza es casi imposible de encontrar, porque es una raza que nunca ha tenido éxito, ni tan siquiera en los años inmediatamente sucesivos a su reconocimiento oficial.

FIGURA ESTÁNDAR DEL RIZADO SUIZO

Gibber Italicus

Este canario es famoso por la escasez de plumaje, que deja a veces la piel al descubierto. El Gibber es una raza reciente.

País de origen: Italia.

Orígenes e historia: deriva del Rizado del Sur y del Bossu. La selección de esta raza, iniciada alrededor de 1930, se centró en el apareamiento de ejemplares de plumaje intenso y carácter exuberante, en un intento de llegar a la raza actual, que se caracteriza por la tipicidad que le viene dada por la escasez de plumaje y el nerviosismo de sus movimientos. Después de un periodo de controversias, la raza fue reconocida en 1951.

Un Gibber Italicus en posición; se observa la característica típica de los muslos desnudos

FIGURA ESTÁNDAR DEL GIBBER ITALICUS

Descripción de la raza: es, sin duda, un canario muy especial, que suscita interés e impresión en el observador.

• La cabeza es pequeña, serpentiforme y lisa, y está aguantada por un cuello liso, largo, fino y extendido hacia delante con una línea ligeramente curvada.
• El cuerpo presenta flancos poco tupidos, cortos y estrechos, que se curvan hacia las alas sin llegar a los hombros, simétricos y bien separados. El jabot se reduce a dos mechones simétricos de plumas insertadas en forma de coma, que en la base del cuello convergen hacia el centro sin unirse, dejando ver la piel desnuda del esternón.
• Las patas son largas, ligeramente inclinadas, y tienen un plumaje escaso, sobre todo por delante, que deja por lo menos la rodilla al descubierto.
• Las plumas son ásperas y escasas, y dejan el abdomen liso.

Un Gibber Italicus manchado en posición

• La cola es recta, levemente ahorquillada y de porte a ras de barra. Carece de plumas de gallo.

• La posición es en forma de siete.

• Se admiten todos los colores de plumaje.

• La talla está comprendida entre los 14 y los 15 cm.

Temperamento y cualidades: tiene aspecto de ser un animal delicado, pero en realidad el único problema que presenta es el frío, a causa de la escasez de plumas.

Reproducción: fue seleccionado con cruces continuos en consanguinidad, lo cual ha propiciado la aparición de ejemplares que, a pesar de ser fértiles, son pésimos criadores. Por ello, se suelen ayudar con nodrizas. La selección y la cría de este canario son difíciles.

Un Gibber Italicus amarillo intenso

Un Gibber que evidencia una excepcional capacidad para mantenerse en la posición típica de la raza

Giboso español

Es un canario de reciente creación, reconocido oficialmente en 1984. Este canario español es bastante parecido al Gibber, con respecto al cual tiene dos diferencias:

— la talla, que está comprendida entre los 17 y los 18 cm;
— el porte del cuello, que es bastante más bajo y tiene una forma característica de «1» en lugar de la forma de «7».

Es un canario raro y difícil de criar, apto sólo para criadores de probada experiencia.

Giboso español que abre las alas para emprender el vuelo desde una posición muy típica en la raza

FIGURA ESTÁNDAR DEL GIBOSO ESPAÑOL

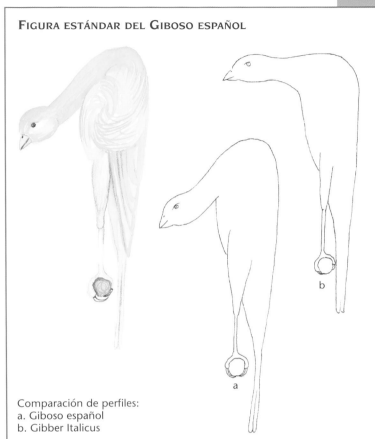

Comparación de perfiles:
a. Giboso español
b. Gibber Italicus

Ejemplar de Giboso español en la postura característica

Padovano

Es un canario interesante que reúne características derivadas de razas muy diferentes entre sí: los rizos del Rizado de París y el penacho del Crest.

País de origen: Italia (zona de Padua).

Orígenes e historia: en los años cuarenta del siglo XX un grupo de criadores paduanos obtuvieron ejemplares interesantes a partir del cruce entre varios rizados y el Crest. Estos animales, seleccionados y cruzados entre sí, en pocos años dieron vida a una raza que ha tenido un éxito notable. La raza, difundida también fuera de Italia, se juzga en sus dos formas: ejemplares con penacho y ejemplares de cabeza lisa. El estándar de la raza ha previsto la admisión de todos los colores y hoy, pese a mantenerse esta regla, se aprecian también los ejemplares lipocromos con jaspeado verde, pizarra o castaño en el penacho.

Descripción de la raza: hace treinta años aproximadamente, en referencia al Padovano, Giuseppe Vaccari, un conocido ornicultor, escribía: «Sobre un manto blanco nieve, de plumaje suave y simétricamente rizado, un casco pizarra intenso, de tama-

Un Padovano moñudo manchado en posición atenta

Padovano con penacho

Padovano sin penacho

Primer plano del penacho característico del Padovano moñudo

Padovano de cabeza lisa manchado

ño mediano, confiere a este pájaro un tono de elegancia refinada...». Esta es una descripción poética, pero que se ajusta perfectamente a las características de la raza.

• La cabeza puede tener un penacho amplio y simétrico que cae hasta la parte superior del ojo y sobre el pico; también puede ser lisa, ancha y con cejas abundantes y colgantes. El cuello es liso y grueso, con un collar en la base.
• El cuerpo tiene flancos abundantes y curvados hacia arriba, sobrepasando el margen de los hombros, que son voluminosos y simétricos, y están bien separados. El jabot es voluminoso.
• Las patas tienen plumaje adherente y son visibles, fuertes y uniformes.
• El plumaje es sedoso, voluminoso y compuesto.
• La cola es recta y no tiene forma de horquilla. Se aprecian claramente las plumas de gallo.
• La posición es erguida, con la línea cabeza-tronco-cola formando un ángulo de 65° con respecto a la barra.
• El color preferido es el lipocromo sin manchas con penacho de diferente color, aunque están admitidas todas las coloraciones.
• La talla está comprendida entre los 18 y los 19 cm.

Temperamento y cualidades: canario elegante, noble y de talla; se mueve con nobleza en la jaula. Es un animal tranquilo y sociable. No es muy fácil de criar, por lo que requiere una cierta experiencia.

Reproducción: prolífico y buen reproductor, en el periodo reproductivo necesita mucha luz. Con frecuencia pone huevos sin color y, más raramente, con la cáscara blanda. Para descartar problemas en la reproducción este canario necesita calor. El apareamiento obligado es penacho × cabeza lisa porque el doble penacho es un factor letal.

Padovano de cabeza lisa que muestra la tipicidad de la raza cuando no tiene penacho

Fiorino

Es un canario de creación muy reciente, que debe su nombre a la antigua moneda de Florencia, ciudad de la que procede.

País de origen: Italia.

Orígenes e historia: la raza nació de una idea llevada a cabo por el profesor Zingoni. Obtuvo el reconocimiento de la raza en 1985 por parte de la federación italiana y en 1989 por parte de la federación internacional. Puede tener penacho o la cabeza lisa. Desciende del Rizado del Norte, al que se ha añadido el penacho.

Descripción de la raza: es la última raza de postura internacionalmente reconocida.

Fiorino de cabeza lisa manchado

FIGURA ESTÁNDAR DEL FIORINO

Moñudo

Cabeza lisa

Un Fiorino moñudo isabela; es típico el centrado del penacho

• La cabeza se presenta con un penacho bien centrado, simétrico y que deja ver los ojos. También puede ser lisa, redonda, con cejas apenas apreciables. El cuello es liso y bien diferenciado de la cabeza y el jabot.

• El cuerpo tiene los flancos abundantes y curvados hasta sobrepasar la línea de los hombros, que son voluminosos y simétricos, y están bien separados. El jabot es alto y lleno, sin cavidad superior.

• Las patas fuertes y uniformes se mantienen en extensión.

• El plumaje es abundante y sedoso.

• La cola es recta, corta y estrecha, con plumas de gallo admitidas, pero no obligatorias.

• La posición es erguida; la línea que forma la cabeza con el tronco y la cola forma un ángulo de unos 55° con respecto a la barra.

• El color del plumaje no tiene limitaciones.

• La talla es de 13 cm, pero se aprecian mucho los ejemplares más pequeños.

Temperamento y cualidades: alegre, vivaz y ágil, es un canario que refleja los criterios modernos de la raza. El Fiorino se adapta bien y no es difícil de criar.

Reproducción: es buen reproductor y cría bien a la prole; no presenta los problemas propios de la mayor parte de canarios rizados.

El apareamiento obligatorio es siempre penacho × cabeza lisa porque el doble penacho es un factor letal.

Agi

AGI son las siglas que definen al Rizado Gigante Italiano (Arricciato Gigante Italiano), una raza reconocida en 1995 en Italia, que todavía está a la espera de su reconocimiento internacional. Este canario ha dado lugar a muchas discusiones entre los criadores y ha creado alguna que otra dificultad en los juicios. Es descendiente del Milanés (una raza que nunca llegó a ser reconocida) y muy parecido al Rizado de París. Se caracteriza por un porte altivo.

País de origen: Italia.

Orígenes e historia: en los años treinta y cuarenta del siglo XX se trató de obtener un rizado blanco cruzando Rizados del Norte y de París con Sajones blancos, combinando posteriormente la prole para lograr un ejemplar que, primeramente, fue definido como Rizado de color y, luego, como Milanés o Milano blanco. A pesar de los esfuerzos realizados, la raza nunca llegó a ser reconocida y los Rizados de color se juzgaban con los Rizados de París.

Descripción de la raza: es muy parecido al Rizado de París; se diferencia por la ca-

Un ejemplar de Agi manchado, con la característica cabeza voluminosa

pucha que forman los rizos de la cabeza y por otros pequeños detalles.

- La cabeza es grande y puede tener capucha o collar realzado (a 3/4, 1/2, 1/4).
- El cuerpo presenta unos rizos tupidos con un también tupido abanico en la pechera y plumas anchas y vaporosas en los hombros.
- Las patas son grandes y fuertes, con uñas que se retuercen.
- El plumaje es blando, fino y muy vaporoso.
- La cola es fuerte, recta y con abundantes plumas de gallo.
- La posición es ligeramente caída, con una inclinación respecto al eje horizontal de 60° o más.
- El color no es importante: están admitidos todos los mantos.
- La talla es de 21 cm.

Temperamento y cualidades: es parecido en todo al Rizado de París.

Reproducción: no se reproduce fácilmente; es poco prolífico y mal criador; adecuado para expertos, en parte porque todavía no está bien codificado.

OTROS CANARIOS DE FORMA Y POSTURA

En este capítulo veremos algunas razas importantes que no están incluidas en ninguno de los dos grupos principales que hemos visto en los capítulos anteriores y otros canarios poco difundidos o que todavía no están reconocidos por las federaciones ornitológicas.

Forman este grupo todos aquellos canarios que no son de origen inglés y que no son rizados. El más destacado es el Bossu, cuyo nombre significa «joroba», un canario muy antiguo que tiene una posición muy típica, en forma de «1», como si fuera jorobado.

El Hosso es un canario de orígenes muy recientes. Es importante porque se está abriendo un espacio en el mundo de la canaricultura.

Lo mismo ocurre con el canario de Raza española, que, a pesar de ser muy reciente, desciende de manera muy directa y evidente del canario salvaje, que le ha aportado robustez y fuerza.

Un Hosso japonés ágata

Bossu belga

El Bossu belga es uno de los canarios más antiguos, que actualmente está reviviendo momentos de auge y difusión.

País de origen: Bélgica.

Orígenes e historia: al parecer este canario ya se conocía en el siglo XVII con las mismas características distintivas actuales. La única salvedad es que el modelo antiguo tenía una talla superior, 20 cm, a diferencia de los 17 cm del canario actual. La raza conoció momentos de gran difusión en el siglo XIX y momentos críticos, sobre todo en el periodo comprendido entre las dos guerras mundiales y en los años cincuenta. En la última década la cría se ha recuperado, y esta raza está captando el interés de aficionados de todo el mundo.

FIGURA ESTÁNDAR DEL BOSSU BELGA

Un Bossu belga

Descripción de la raza: es un canario de postura que puede estar en posición de trabajo o de reposo. El paso de la una a la otra se produce a través de un solo movimiento, y el ejemplar se juzga solamente cuando está en posición de trabajo.

• La cabeza es pequeña, ovalada y en forma de avellana, está extendida hacia abajo, con los ojos hacia delante. El cuello es largo, estrecho y flexible.

• El cuerpo es largo y ahusado, tiene un pecho prominente, fuerte y lleno. Los hombros son anchos y llenos. Cuando el animal está en posición de trabajo el conjunto hombros-dorso debe tener la clásica forma de corazón.

• Las patas son largas y rígidas, ligeramente en diagonal con respecto a la barra.

El ejemplar Bossu belga vencedor en los Campeonatos del Mundo de Pescara (Italia) de 1999 (ejemplar nacido en 1998)

• El plumaje será abundante, blando y bien adherido al cuerpo.

• La cola es recta, larga y compacta, y es la continuación de la línea vertical del dorso.

• La posición idónea es la jorobada, o en forma de «1».

• El color no tiene importancia; se admiten todos los colores naturales, pero no la coloración artificial.

• La talla nunca debe ser inferior a los 17 cm, pero se aprecian mucho los ejemplares de talla mayor. Se utiliza el anillo del tipo B.

Temperamento y cualidades: no es un canario fácil; es muy atento y sensible, siempre en tensión y ágil en los movimientos.

Reproducción: la reproducción de este canario requiere experiencia. En efecto, no es frugal ni particularmente prolífico, y por ello no resulta adecuado para neófitos.

Los apareamientos aconsejados son siempre intenso × mosaico, amarillo × verde, monocromo × manchado y manchado × manchado.

Hosso japonés

Es un canario de reciente aparición, que está conquistando adeptos rápidamente. Forma parte del grupo de canarios miniatura.

País de origen: Japón.

Orígenes e historia: su historia es muy reciente. A partir del Scotch, los criadores se concentraron particularmente en la reducción de talla, para seguir a continuación con la selección de ejemplares miniaturizados.

Descripción de la raza: es, sobre todo, un canario de postura, que adopta la actitud típica mientras salta de una barra a otra, cuando se flexiona en el momento de aterrizar.

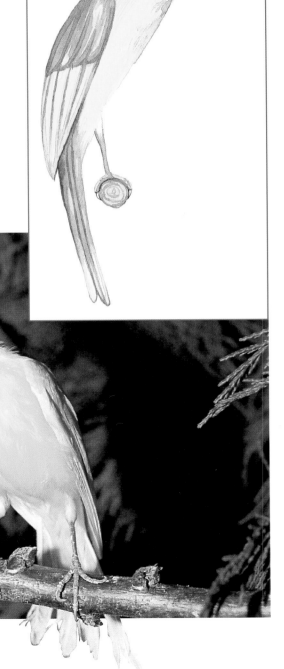

FIGURA ESTÁNDAR DEL HOSSO JAPONÉS

Un Hosso amarillo intenso muy atento a lo que le rodea

Un Hosso amarillo mosaico en la posición típica de la raza

juzgan todos los ejemplares hasta 12,5 cm, aunque se penalizan mucho; los ejemplares que sobrepasan esta medida se consideran atípicos. El anillo es del tipo A.

Temperamento y cualidades: alegre y vivaz, es mucho más rústico que el Scotch, del cual desciende. Es un canario que puede ser criado sin problemas, incluso por principiantes.

Reproducción: es buen reproductor y criador; no requiere cuidados particulares.

Un Hosso color anaranjado intenso visto de espaldas muestra la silueta típica de la raza

• La cabeza es pequeña y serpentiforme, con cuello largo y fino, que sigue la línea del cuerpo.

• El cuerpo es ahusado, con hombros muy estrechos y ausencia total de ángulo entre estos y el cuello.

• Las patas, ágiles y móviles, están ligeramente separadas para mantener la posición.

• El plumaje es brillante y está bien adherido al cuerpo.

• La cola es estrecha, unida, y el animal la lleva ligeramente por debajo de la barra.

• La posición ha de ser lo más parecida a la forma de semicírculo, con la cabeza hacia delante sobre los hombros.

• El color no es importante; están admitidos todos los colores, si bien se desaconsejan los artificiales.

• La talla debe ser lo más reducida posible. El estándar estipula 11 cm, pero se

Raza española

Es una raza reciente que está adquiriendo un protagonismo cada vez mayor en las muestras ornitológicas, en donde, después de una cierta reticencia inicial, ha logrado captar el interés de muchos criadores, gracias a su vivacidad y su carácter alegre. Debido precisamente a su reconocida descendencia del *Serinus canarius*, se prefieren los ejemplares manchados verdes y verde uniforme.

País de origen: España.

Descripción de la raza: este canario miniatura, reactivo y ágil, se presenta con una posición siempre hacia delante en la barra.

- La cabeza es pequeña, en forma de avellana y ligeramente plana, con cuello corto y fino, pero evidente.
- El cuerpo es corto y grácil, de forma cilíndrica.
- Las patas son finas y proporcionadas con el cuerpo.
- El plumaje es corto y adherente.

Un canario de Raza española blanco, con una perfecta composición del ala

- La cola es corta y en forma de horquilla (cola de golondrina).
- La posición es ligeramente más baja que la que suele tener la mayor parte de canarios, pero la principal característica del porte es la agilidad, que siempre debe ponerse de manifiesto.

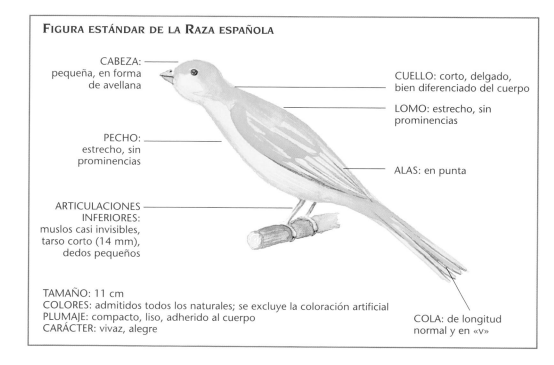

FIGURA ESTÁNDAR DE LA RAZA ESPAÑOLA

CABEZA: pequeña, en forma de avellana

CUELLO: corto, delgado, bien diferenciado del cuerpo

LOMO: estrecho, sin prominencias

PECHO: estrecho, sin prominencias

ALAS: en punta

ARTICULACIONES INFERIORES: muslos casi invisibles, tarso corto (14 mm), dedos pequeños

TAMAÑO: 11 cm
COLORES: admitidos todos los naturales; se excluye la coloración artificial
PLUMAJE: compacto, liso, adherido al cuerpo
CARÁCTER: vivaz, alegre

COLA: de longitud normal y en «v»

Un ejemplar de Raza española amarillo intenso

Un ejemplar manchado intenso de Raza española en la típica posición «a punto de despegar»

• El color artificial no está admitido, pero se aceptan todas las coloraciones naturales.

• La talla debe ser obligatoriamente inferior a los 12,5 cm. De hecho, la talla idónea prevista por el estándar es de 11 cm.

Temperamento y cualidades: es un canario alegre, simpático, resistente y con mucha capacidad de adaptación, apto también para neófitos.

Reproducción: es un excelente criador. El macho ayuda a la hembra en el destete de las crías. La raza es prolífica y robusta, y las nidadas habituales, que son de tres, se crían sin problemas. Los apareamientos idóneos son intenso × mosaico y monocromo × manchado.

Un ejemplar de Raza española isabela

Ejemplar de Raza española isabela en la posición típica de la raza, aunque se aprecia un pequeño defecto en la posición del ala derecha, ligeramente levantada. Si el defecto de porte fuese constante y no debido a un movimiento concreto, realizado en el momento de sacarle la fotografía, durante la competición el canario sería penalizado

EL CRECIMIENTO RÁPIDO DE LAS CRÍAS

La Raza española produce pequeños de desarrollo rápido. Los noveles abandonan el nido a los 18 días. Dada la rapidez de crecimiento, conviene anillar a los pequeños antes del sexto día, porque más tarde podría ser difícil introducirles el anillo de tipo A exigido.

Alemán con penacho

Es otro canario de creación reciente, creado en Alemania en 1952 por Josef Meines a imagen del Rex, un canario que se criaba en Francia en los años cuarenta, pero que nunca fue reconocido oficialmente como raza y acabó por extinguirse.

Pese a haber sido reconocido oficialmente en 1963, no ha gozado nunca de gran éxito.

Se cría casi exclusivamente en Alemania. En el resto de Europa, los criadores que trabajan con esta raza se pueden contar con los dedos de la mano, y en las muestras ornitológicas casi nunca se presentan.

Es parecido al Sajón (canario de color), con ligeras diferencias: es más robusto, tiene una posición diferente en la barra, a 45°, y tiene un penacho.

El penacho es pequeño, de forma elíptica, parecido a un escudo y se irradia, no desde un punto central (como en el Gloster), sino desde una corta raya bien visible. Son defectos comunes una zona desnuda en la nuca o el penacho partido.

En esta raza encontramos la variedad con penacho y la de cabeza lisa (los criadores utilizan a menudo Sajones de talla grande con parte superior de la cabeza ancha y plana).

La talla es de 13-14 cm y los colores son: blanco, amarillo, rojo, marfil, marfil rosa, tanto intensos como mosaicos.

Se admite algún jaspeado melanínico (gris o verde o pizarra) en las plumas del penacho.

Llarguet

Es un canario que ya ha sido reconocido por la federación española, y empieza a verse en las muestras celebradas en muchos lugares de Europa.

Se trata de una raza de creación reciente cuyas características le hacen augurar muchas probabilidades de éxito en los próximos años.

Según el estándar aprobado por la federación española, el Llarguet ha de tener una talla mínima de 17 cm y debe presentarse en posición erguida.

Son características típicas la cabeza pequeña, ovalada, con pico cónico proporcionada y el cuerpo largo, afilado, ligeramente cilíndrico. Otras características son el cuello grácil, que separa nítidamente la cabeza del cuerpo, el pecho y el dorso estrechos y sin redondeces, las alas y la cola largas, y las patas largas con el muslo visible.

Puede ser de color uniforme o manchado. Se aceptan las coloraciones artificiales, siempre que el plumaje sea liso, compacto y esté adherido al cuerpo.

FIGURA ESTÁNDAR DEL LLARGUET

Munchener

Este canario de origen germánico, que se cree que deriva del Bossu belga, se cría exclusivamente en su país de origen, en donde, en honor a la verdad, tampoco ha sido objeto de atenciones particulares.

A pesar de ser similar al Scotch, su porte es muy diferente. En efecto, mientras el Scotch adopta forma de media luna con la cola por debajo de la barra, el Munchener permanece erguido a 90°, con el cuello extendido hacia delante, llevando la cabeza paralela al suelo.

Tiene la cabeza pequeña y plana, el pecho estrecho, el plumaje carente de rizos y muy pegado al cuerpo.

Su talla oscila entre los 16 y los 17 cm.

Puede presentarse con todos los colores, incluidos los adquiridos artificialmente.

Bernois

Es un canario bastante raro, pese a estar reconocido por varias federaciones ornitológicas europeas. Nació hace pocos años en Suiza, en Berna, y se cría casi exclusivamente en la zona de origen.

Es un animal bastante difícil de criar, delicado, poco reproductor y, por consiguiente, apto exclusivamente para expertos.

Su posición erguida es parecida a la del York, del cual se diferencia por la forma, por el cuerpo más esbelto, por el espacio del cuello más marcado y por la cabeza plana con la parte de encima del pico visiblemente aplanada.

Tiene el plumaje fino, liso, bien adherido al cuerpo y una talla discreta, alrededor de los 15-16 cm.

Es un canario lipocromo, pero que se presenta casi únicamente en color amarillo.

Columbus

Este canario no se conoce ni se cría en Europa, ni tampoco está reconocido por las federaciones de canaricultores.

Fue creado en los años treinta en Estados Unidos, precisamente en Columbus, en el estado de Ohio.

Es un animal de talla mediana grande (14-16 cm), con el cuerpo corto y rechoncho, y dotado de un penacho no especialmente interesante si se compara con el penacho de canarios como el Gloster o el Crest.

En esta raza, igual que ocurre en todas las que tienen penacho, hay ejemplares de cabeza lisa (que no se juzga) para poder cruzar penacho × cabeza lisa, evitando así el apareamiento penacho × penacho, que generalmente es letal.

Quinta parte
La cría

LA ELECCIÓN DE LOS MEJORES EJEMPLARES

Dado que cualquier problema de salud incide en las cualidades generales de los ejemplares, la mejor forma de empezar es comprobando el estado del canario antes de quedarse con él. Los indicadores positivos son los siguientes:

— plumaje bien adherido al cuerpo y brillante;
— patas elásticas y lisas, sin callosidades;
— abdomen elástico y relajado;
— zona de la cloaca seca;
— respiración regular y sin silbidos;
— pectorales carnosos;
— aspecto general vivaz.

Destacan estas dos señales negativas:

— la respiración acelerada o estertórea indica problemas del aparato respiratorio;
— el abdomen hinchado o exceso de carne en el pecho indican problemas digestivos y obesidad, que disminuyen sensiblemente las capacidades de reproducción y de canto.

Con estos indicadores básicos podremos elegir un ejemplar que potencialmente será de calidad. Para cada raza habrá que conocer el estándar y, en el caso de los canarios de canto, habrá que examinar las cualidades de cada individuo.

Cuando nos dispongamos a comprar un animal, deberemos preguntarnos en primer lugar cuál será su papel: ¿un animal de compañía que tendremos en casa?, ¿un reproductor que destinaremos a la cría?, ¿o un canario de canto? La elección depende en gran medida de la respuesta, puesto que un animal que pueda ser magnífico para compañía, sociable, dócil y alegre, no tiene por qué corresponder por fuerza a un estándar perfecto de raza. Los reproductores, por el contrario, deben cumplir no sólo con los requisitos

Canario Sajón isabela rojo mosaico macho, que se caracteriza por la máscara facial roja

PARA UNA CRÍA CORRECTA

Antes de comprar uno o varios canarios conviene tener presente que, a pesar de que estos animales no son especialmente exigentes, necesitan dedicación y una serie de cuidados. Las normas básicas que deben respetarse son:

— colocar las jaulas en lugares adecuados;
— elegir las jaulas más idóneas para el tipo de canario (en el caso de los cantores y de los canarios de forma y postura serán jaulas de tipo inglés);
— respetar estrictamente las normas de higiene en habitáculos y accesorios;
— administrar periódicamente semillas secas y retirar las cortezas de las que ya hayan sido consumidas;
— cambiar el agua a diario;
— administrar las pastas y los integradores adecuados para cada época;
— darles hueso de jibia y grit marino, procurando que nunca les falte;
— darles regularmente fruta y verdura frescas;
— rociar periódicamente con aerosol antiparasitario el cuerpo del animal, el nido y en general el lugar en donde viven los canarios;
— lavar las jaulas y los accesorios cuando su estado lo requiera;
— sustituir periódicamente la litera (ya sea arena, gránulos silíceos, papel tratado con anticóccidos o papel normal de embalaje).

Como se desprende de este resumen, las necesidades de los canarios no nos exigirán demasiado tiempo, y los pocos minutos que les dediquemos a diario quedarán compensados con creces con su agradable compañía.

del estándar, sino que además el macho y la hembra han de ser compatibles para el apareamiento. Es distinto el caso de los canarios de canto, para quienes el estándar morfológico no es importante, y en cambio sí lo son las capacidades vocales.

Dónde comprarlos

Es conveniente tratar con criadores de experiencia contrastada, con quienes podemos contactar visitando muestras ornitológicas. La mejor época para valorar y comprar ejemplares va desde septiembre (final de la muda) hasta enero del año siguiente (antes de que empiece la estación reproductiva).

Una vez se ha contactado con el criadero, sólo queda elegir los ejemplares. Los canarios de canto son, desde el punto de vista físico, bastante robustos y, por consiguiente, los aspectos fundamentales que se valorarán son la limpieza de las plumas y de las patas, la ausencia de problemas respiratorios (estertores o silbidos) y la blandura de la piel en la zona del bajo vientre y de la cloaca. Después de

Scotch

esta sumaria exploración, se colocarán los machos en las jaulas de canto y, armándonos de paciencia, esperaremos hasta oírlos en acción. Las hembras, en cambio, pueden elegirse atendiendo a criterios estrictamente físicos.

Los canarios de forma y postura son más difíciles de elegir; por un lado, porque se valoran dos aspectos (morfología y porte) y, por otro, porque a veces tienen el plumaje movido o presentan formas redondas, lo cual hace difícil al neófito descubrir si el animal que está observando está o no en perfectas condiciones. Si no se tiene experiencia suficiente o no se cuenta con la opinión de un entendido, es preferible confiar en el buen criterio del criador que muestra sus ejemplares.

Los canarios de color son más fáciles de comprar, independientemente del tipo y la variedad, en parte porque gozan de una mayor difusión y en parte porque resulta fácil identificar al ejemplar sano, así como el dibujo y la coloración, que corresponden siempre a cánones fijos.

La llegada a casa

Los canarios pueden transportarse en cajitas bien aireadas, si el tiempo que transcurre entre que abandonan la jaula y llegan al nuevo domicilio no supera las dos horas. Si el viaje es más largo, habrá que utilizar un transportín especial para pájaros, que tiene comedero y bebedero, donde los animales podrán pasar uno o dos días. El viaje causa un fuerte estrés a los pájaros. Una vez llegados al lugar de destinación e instalados en las jaulas o en las pajareras previstas, los canarios deben dejarse tranquilos durante unos días para que se ambienten, antes de separarlos en parejas.

Si ya se tienen otros canarios, es muy importante que los recién llegados se mantengan aislados unos veinte días (o treinta), para evitar la propagación de posibles enfermedades. En todos los criaderos, aunque cumplan con los requisitos sanitarios, se forma una carga bacteriológica estable que, si bien no

Un bello Malinois en el momento del traslado de la pajarera a la jaula de canto

perjudica a los ejemplares del criadero, puede favorecer la manifestación de enfermedades latentes, si se combina con la de ejemplares procedentes de otros criaderos. Tener las nuevas adquisiciones separadas de los otros ejemplares permite establecer un nuevo equilibrio. Pasada la cuarentena, los animales podrán ser instalados juntos.

El lugar donde se coloque la jaula debe tener en cuenta algunos factores:

— estar bien iluminado;
— resguardado de las corrientes de aire;
— sin humedad o, en cualquier caso, con una humedad mínima;
— no excesivamente próximo a una fuente de calor;
— los animales han de tener la posibilidad de disfrutar de una cierta tranquilidad;
— debe permitir al criador acceder fácilmente a los comederos y bebederos, para no asustar a los pájaros cada vez que les cambie el agua o les ponga comida.

El canario adecuado

La decisión de tener en casa un canario de canto requiere una importante refle-

En cambio, la decisión de dedicarse a los canarios de forma y postura depende de la fascinación que ejerza en cada uno las razas de este grupo. La mayor parte de quienes se inician en la canaricultura opta por los canarios de color, por la facilidad de encontrar los ejemplares deseados y porque son más prolíficos. Luego, cuando han adquirido más experiencia, sienten interés por conocer otros tipos y variedades, y se especializan en otro sector.

El rasgo más típico del Gloster corona es el penacho: en este primer plano se observa uno perfectamente dibujado

Un Sajón bruno pastel

xión, porque estos animales tienen unas cualidades realmente particulares. Si se elige una raza de canto, es conveniente no alojarla junto con canarios de otras razas, para evitar que el canto típico de la raza se eche a perder por la influencia de los otros pájaros. Los canarios son buenos imitadores, y, del mismo modo que aprenden el canto de maestros cantores de su propia raza, pueden aprender el canto de otros pájaros y perder la pureza.

Timbrado: el canto alegre y vivaz es una característica típica de la raza

LAS JAULAS Y LOS ACCESORIOS

Un Bossu belga descansando en su jaula de juicio

Las jaulas

Existen jaulas de varias dimensiones, que se utilizan según la época del año. Así, hay jaulones y voladeros pequeños para invierno, con divisiones para que los machos y las hembras estén separados. También hay jaulas de reproducción estándar (de 60 × 40 × 40 cm) y jaulas de reproducción con características concretas, destinadas a razas concretas. En el caso específico del canario de canto, existen muebles especiales con compartimentos en donde se introducen pequeñas jaulas en las que los canarios viven individualmente, y que se utilizan para los cantores en periodo de adiestramiento o entrenamiento.

Las dimensiones de la jaula se deciden teniendo en cuenta el número de canarios. Como norma general, vale siempre la regla según la cual cuanto más espacio

CUIDADO CON LOS BARROTES

La distancia entre los barrotes de la jaula ha de ser de 10 a 12 mm, de modo que el canario al meter la cabeza no pueda hacerse daño. Esta distancia permite a los pájaros agarrarse cómodamente sin dañarse las patas. Si construimos nosotros mismos la jaula debemos recordar que, además de paneles de barrotes, también podemos utilizar una red metálica rígida y plastificada con orificios de 2 x 1 cm, en la que los pájaros pueden agarrarse perfectamente.

tienen los animales, mayor será su calidad de vida.

La jaula rectangular, con un moderado desarrollo vertical, es la que proporciona un mejor aprovechamiento del espacio. Las jaulas de formas curiosas, redondas o con techo de pagoda son poco funcionales porque, independientemente del espacio que ocupan, ofrecen un espacio vital reducido. Además, las paredes redondeadas no permiten al pájaro valorar la profundidad.

Para los canarios de canto, y también para los de forma y postura, las mejores jaulas de reproducción son las de tipo inglés, que tienen una forma clásica con la base rectangular, pero con dos lados cortos y la cara posterior completamente cerrada. Esta jaula proporciona más intimidad a los habitantes y al mismo tiempo permite una iluminación y una aireación correctas.

Actualmente la mayoría de criadores de canarios de todas las razas usa jaulas de tipo inglés, mientras que las jaulas con todos los lados de barrotes son las que utiliza normalmente quien tiene un canario en casa para compañía.

En el caso de los cantores, la jaula de tipo inglés es indispensable si se tiene varias parejas, para evitar que los machos se vean. Esto podría comprometer el aprendizaje al canto por culpa de actitudes agresivas aunque silenciosas.

Las características de una jaula para la reproducción se resumen del siguiente modo:

— dimensiones mínimas: $60 \times 40 \times 40$ cm o $60 \times 50 \times 60$ cm;
— fondo con cajón extraíble;
— frontal con dos puertas, espacio para insertar la pared divisoria y cuatro portezuelas para los comederos;
— dos barras colocadas a 30 cm una de otra y a 15 cm de los lados cortos opuestos, de modo que la distancia entre las barras permita volar a los pájaros, pero no les obligue a estar demasiado cerca de las paredes ciegas;
— sujeción para el hueso de jibia en la parte posterior;
— enganche para el nido, también en la parte posterior;
— bebedero de sifón;
— bañera que se sujeta en una de las puertas frontales.

Los materiales más adecuados para las jaulas y las pajareras son de acero y de plástico, dado que son fáciles de lavar, higiénicos y no se oxidan.

Literas, bebederos y nidos

El mejor material para bebederos, comederos, bañera y recipientes para alimentos es el plástico. Los canarios, a diferencia de los loros, no tienen costumbre de morder los accesorios y, por lo tanto, no es necesario que sean de un material especialmente resistente. El plástico presenta la ventaja de ser fácil de limpiar y desinfectar.

Para garantizar una vida serena y sana a los canarios es muy importante no olvidar el fondo de la jaula, corrientemente llamado litera. Se pueden disponer hojas de papel preparadas con un tratamiento antiparasitario. Otra posibilidad es utilizar arena absorbente para gatos (en este caso debe mantenerse siempre muy limpia). Una tercera opción es poner un cartón cubierto con un ligero estrato de arena fina.

Anteriormente nos hemos referido a la colocación de barras en las jaulas de reproducción; en los jaulones es conveniente montar varias, siempre separadas entre sí y a alturas diferentes, aunque sin

LA INUTILIDAD DE ALGUNOS ACCESORIOS

Colocar campanillas, columpios, espejitos y este tipo de objetos en una jaula para canarios es, si no peligroso, cuanto menos inútil. A diferencia de los loros pequeños (inseparables y periquitos), los canarios no juegan, y lo único que se consigue introduciendo en la jaula este tipo de trastos es quitar espacio a los animales, que sin duda preferirían realizar el vuelo sin chocar contra ellos.

Baterías de reproducción utilizadas para los canarios rizados

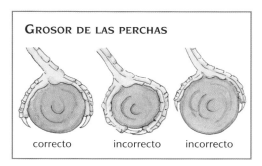

GROSOR DE LAS PERCHAS

correcto   incorrecto   incorrecto

llegar a ocupar todo el espacio de vuelo a disposición.

Los bebederos de sifón ofrecen la posibilidad de tener agua siempre limpia, cosa que no ocurre con las bañeritas en las que los canarios también pueden lavarse. Los bebederos de gota no han tenido demasiado éxito, ya que no están pensados específicamente para canarios. De hecho, el canario no tiene costumbre de ablandar la comida en el agua, como hacen otras especies que, si utilizan bebederos de sifón, pueden encontrar la boca del bebedero obstruido y quedar privadas de agua.

Un accesorio muy importante es el nido, que ha de ser en forma de copa, de material fácil de lavar y desinfectar (acero o plástico), fácil de colgar en la pared posterior de la jaula y de dimensiones amplias para que la hembra pueda rellenarlo con el material que considere necesario y hundirse bien adentro, sin riesgo de que le caigan los huevos fuera cada vez que sale.

Macho de Sajón ágata rojo mosaico

LA ALIMENTACIÓN

Quien tiene uno o varios canarios, en casa o en el jardín, y los cuida con la debida dedicación es en cierto modo «criador». Es evidente, sin embargo, que hay una diferencia sustancial entre tener una pareja de canarios o destinar una o más habitaciones a estos pájaros.

La alimentación es diferente en cada época y según las condiciones del canario. Si el ejemplar está en condiciones normales de salud, estos periodos son cuatro:

— incubación;
— muda;
— periodo de adiestramiento para el canto (sólo para los machos nacidos en la temporada);
— reposo antes de las muestras ornitológicas y de la nueva temporada de reproducción.

Un Lizard criado en Inglaterra y coloreado según la tradición inglesa

LAS SEMILLAS PARA CANARIOS

Alpiste: es la base de la dieta seca de todo el año, por su contenido equilibrado de proteínas y lípidos, y por su digestibilidad.

Avena mondada: es importante por la riqueza en sales minerales, útiles sobre todo para el crecimiento de los pequeños.

Negrillo: es muy energético y favorece la reproducción, ya que estimula a machos y hembras.

Linaza: semilla oleosa que facilita la digestión y aumenta el brillo del plumaje.

Cáñamo: es una semilla con elevado contenido proteínico y muy digerible, aunque no debe suministrarse en cantidades excesivas.

Nabina: aumenta el estímulo canoro en los machos y, en consecuencia, es útil para la fase de reproducción.

El Lizard vencedor en los Campeonatos del Mundo de Pescara (Italia) de 1999 (ejemplar nacido en 1998) en su jaula reglamentaria

El **periodo de la reproducción** exige una alimentación rica, con una buena mezcla de semillas, pasta de huevo, una rotación adecuada de fruta y verdura, y, en cada eclosión, un complejo vitamínico disuelto en el agua de beber.

La mezcla de semillas para este periodo ha de ser variada y completa. Por ejemplo:

— 65 % de alpiste;
— 10 % de negrillo;
— 10 % de avena;
— 5 % de nabina;
— 5 % de cáñamo;
— 5 % de linaza.

La rotación de la fruta y de la verdura debe realizarse con sumo cuidado, ya que al ser alimentos muy apetitosos, si se da a los polluelos demasiada fruta podrían sufrir algún problema, como por ejemplo diarrea.

Por ello se aconseja administrar cada dos o tres días achicoria fresca, álsine cada dos, col o espinaca cada tres o cuatro, un gajo de mandarina, un trozo de calabacín o de manzana cada seis o siete. De este modo, el canario tendrá cada día un alimento fresco y nunca más de dos a la vez.

En la **época de la muda**, una dieta muy rica en alimentos frescos —achicoria,

ALGUNOS PRINCIPIOS ACTIVOS ALIMENTARIOS			
Principio	Fuentes alimentarias	Efectos positivos	Consecuencias del déficit
proteínas	yema de huevo, carne, cereales	fortalecimiento del organismo	lentitud y retraso en el crecimiento, problemas nerviosos
grasas	alimentos oleosos, yema de huevo	producción de energía muscular y calor corporal	hipersensibilidad al frío y a las enfermedades
minerales	sales mixtas*, hueso de jibia, arena	mejoran el crecimiento, la robustez y la formación de la estructura ósea	raquitismo, fragilidad del esqueleto
azúcares	frutos secos, azúcar y miel, cereales, pan	resistencia al estrés, producción de energía muscular	adelgazamiento; facilidad para enfermar
vitamina A	col, achicoria, zanahorias, fruta fresca	mejoran el crecimiento y la vista, inmunización contra enfermedades	raquitismo y muerte precoz
vitamina B	cereales, semillas germinadas, huevos	equilibrio nervioso, antianemia, buena asimilación de grasas y almidones	muerte en fase embrionaria, diarrea, debilidad y propensión para enfermar
vitamina C	fruta y verdura fresca	metabolismo e inmunización	tendencia a enfermar

* Se comercializan productos ya preparados.

col, calabacín, espinacas, álsine, kiwi, cítricos y pepinos— será siempre bienvenida y útil. Se puede dar manzana y pera, pero no más de dos veces por semana.

La pasta al huevo convencional podrá ser sustituida por otra especial más ligera.

La mezcla de semillas secas también deberá modificarse, pasando a las siguientes proporciones:

— 80 % de alpiste;
— 5 % de avena;
— 5 % de linaza;
— 5 % de panizo;
— 5 % de colza, achicoria, lechuga, cardo y amapola.

En el agua de beber se añade un suplemento hidrosoluble adecuado para este periodo concreto.

En el caso de los cantores, durante el **periodo de adiestramiento al canto** los machos jóvenes, tanto si son «maestros», como si son «alumnos», deberán seguir una dieta muy estricta, porque el exceso de peso puede repercutir negativamente

SUPLEMENTO CONTRA EL ESTRÉS EN LA VIDA DE LA COLONIA

Vitamina B_1	550 mg
Vitamina B_2	1.100 mg
Vitamina B_6	550 mg
Vitamina B_{12}	50 mg
Vitamina B_T	3.000 mg
Colina	2.000 mg
Glicina	12.000 mg
Metionina	1.000 mg
Lisina	1.000 mg

En soporte líquido hasta 1 kg, que también contendrá glucosa, cloruro de calcio, citrato de sodio y cloruro de sodio. Un producto de este tipo se suministra en dosis de entre 10 y 20 cm^3 por litro (según las dimensiones del pájaro).

UN PRODUCTO PARA ESTIMULAR LA REPRODUCCIÓN

Vitamina E	4.000 mg
Vitamina A	9.000 mg
Vitamina D_3	9.000 mg
Vitamina C	400 mg
Vitamina B_2	1.000 mg
Vitamina B_{12}	1.000 mg

Se presenta en polvo hasta 1 kg de producto, que también contendrá cobalto, yodo, cobre, cinc, en dosis de entre 10 y 30 mg; metionina, lisina y cistina en dosis alrededor de los 200-300 mg; levadura de cerveza, dextrosa y almidón de maíz. Este complemento beneficia a los adultos sin perjudicar a los polluelos. Debe suministrarse a diario en dosis que van de los 12 a los 30 g por litro de agua o kilo de pasta (según las dimensiones del pájaro).

COMPLEJO VITAMÍNICO PARA EL PERIODO DE CRÍA

Vitamina A	1.500.000 U.I.
Vitamina D	360.000 U.I.
Vitamina E	7.000 mg
Vitamina B_1	500 mg
Vitamina B_2	1.000 mg
Vitamina B_6	700 mg
Vitamina B_{12}	10 mg
Vitamina PP	4.000 mg
Vitamina C	7.500 mg
Cloruro de colina	40.000 mg

En soporte líquido hasta 1 kg, que se suministra dos días por semana, durante todo el periodo de la cría de polluelos, en dosis de entre 6 y 10 cm^3 por litro (según las dimensiones del pájaro).

FRUTAS Y VERDURAS INDICADAS PARA CANARIOS	
Manzana	en gajos o rallada y mezclada con la pasta; con moderación por sus efectos laxantes
Pera	en trozos o rallada y mezclada con la pasta; con moderación por sus efectos laxantes
Cítricos	especialmente limón, unas gotas en el bebedero
Higo seco	triturado con la pasta proporciona un excelente aporte proteínico
Dátil	algún trocito mezclado con la pasta contribuye a aumentar el aporte proteínico
Kiwi	algún trocito mezclado con la pasta, o también un trozo aparte
Álsine	se consume la semilla todavía verde, la pequeña flor blanca o las hojas más tiernas
Achicoria	se le puede dar la hoja entera o triturada en la pasta
Diente de león	se le puede dar la hoja entera o triturada en la pasta
Col	la hoja entera
Espinacas	la hoja entera
Lechuga	la hoja entera
Zanahoria	a trocitos o rallada, siempre mezclada con la pasta

en sus cualidades canoras y su atención podría disminuir. Por consiguiente, habrá que administrarles una buena mezcla de semillas secas (como la del periodo de reproducción) y un suplemento hidrosoluble para el agua de beber específico para los cantores «en época de trabajo».

En el **periodo de reposo** habrá que proporcionar a los canarios una mezcla de verdura y fruta fresca que complementará la mezcla de semillas secas, compuesta de las proporciones siguientes:

— 80 % de alpiste;
— 5 % de avena;
— 5 % de negrillo;
— 5 % de cáñamo;
— 5 % de linaza.

La pasta (que no ha de ser al huevo) se administrará con precaución, vigilando el sobrepeso, especialmente en los ejemplares que se quiere destinar a la participación en pruebas de canto.

En los cantores, la dieta y el mantenimiento del peso son importantísimos, de manera que los ejemplares en perfecta forma siempre dan la impresión de estar un poco delgados, sanos pero delgados.

En los canarios de forma y postura la obesidad es un riesgo, y más si cabe en los canarios de tipo inglés,

que en caso de obesidad tienen más problemas en el periodo de la reproducción. Esto justifica la conveniencia para este grupo de un periodo de dieta rica en semillas verdes, fruta y verdura, y con pocas semillas oleosas y pastas proteicas.

Los canarios de color son los que mejor metabolizan los alimentos y, aunque una variación de la dieta es siempre aconsejable, este grupo es el que mejor soporta los efectos de una dieta demasiado rica.

Un Lancashire coppy

EL PERIODO
DE LA REPRODUCCIÓN

El periodo previo a la incubación

El periodo de la reproducción empieza a finales de febrero, cuando los canarios, hasta entonces alojados en pequeñas pajareras (dimensiones mínimas: 120 × 40 × 60 cm) con los machos separados de las hembras, se juntan en parejas y se instalan en baterías de reproducción.

Para los criadores con muchas parejas, la técnica más habitual consiste en tener pocas parejas fijas con macho y hembra siempre juntos, y un sistema de rotación de los mejores machos (los mejores transmisores de las características de la raza) con varias hembras. La hembra, si dispone de todo el material necesario, es capaz de destetar las nidadas sin la ayuda del macho.

Para los criadores aficionados, la técnica más común es la de parejas fijas, mediante la elección de un macho para cada hembra y la repetición anual de los mismos apareamientos.

El factor mosaico expresa un claro dimorfismo sexual: el macho (arriba) *tiene máscara roja y los hombros muy marcados, mientras que la hembra* (abajo) *carece prácticamente de signos rojos en la cabeza y tiene los hombros mucho menos marcados*

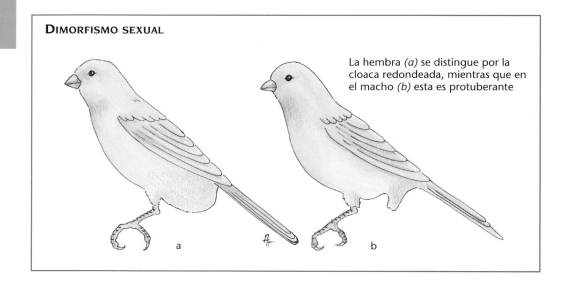

DIMORFISMO SEXUAL

La hembra *(a)* se distingue por la cloaca redondeada, mientras que en el macho *(b)* esta es protuberante

a

b

Para distinguir el sexo de los canarios hay que observarlos sujetándolos con la mano y soplando sobre las plumas del vientre para despejar la zona de la cloaca, en donde se pueden apreciar algunas diferencias.

Antes de aparear los canarios, muchos criadores administran vitamina E a los machos para estimularles el instinto reproductor. Esta práctica da buenos resultados, especialmente si se combina con un complemento de calcio para las hembras, que deberán poner los huevos. A continuación, se introducen las hembras en las jaulas de reproducción junto con los machos, y se prepara la rotación de estos últimos, en caso de utilizarse esta práctica.

Antes de la incubación, casi todos los criadores administran tratamientos con antibióticos y antimicóticos en prevención de enfermedades que podrían arruinarles el trabajo. En mi opinión esta práctica sólo es justificable si en el criadero existen problemas específicos evidentes, y sólo después de haber efectuado una revisión de los animales. Las curas preventivas realizadas al azar no solamente sirven de muy poco, sino que además merman las defensas inmunitarias de los animales tratados.

El apareamiento y la incubación

Una vez formada la pareja, a los quince días los canarios darán muestras de querer preparar el nido, llevando con el pico materiales que colocarán en el nido artificial: cáñamo e hilo de yute.

Cuando el nido esté preparado, tendrá lugar el apareamiento.

La hembra pone el huevo al amanecer, después de haber transcurrido la noche en el nido.

DOS PARTICULARIDADES

A los **canarios con penacho**, al iniciarse la temporada de reproducción muchos criadores les acortan un poco el penacho para dejarles los ojos al descubierto. Esto les permite ver mejor a los polluelos para alimentarlos.

En los **canarios rizados**, que tienen mucha pluma en la zona de la cloaca, se debe aclarar un poco esta zona para facilitar el apareamiento y evitar que los huevos queden sin fecundar.

Hosso japonés

FASES DEL APAREAMIENTO

El apareamiento de los canarios es muy rápido y, en conjunto, se caracteriza por una cierta elegancia. En la primera fase el macho se posa con delicadeza sobre la hembra, que alza la cabeza, arquea el lomo y abre ligeramente el pico, mientras el macho permanece con las alas extendidas para mantener el equilibrio, usando también la cola como balancín.

En la segunda fase la hembra se agacha sobre la percha para tener más estabilidad, inclina lateralmente la cabeza, separa las alas, ladea la cola hacia el lado contrario al que ha inclinado la cabeza y se arquea; el macho, siempre con las alas desplegadas, se levanta.

En la tercera fase, la hembra, que ya ha encontrado una posición más estable en la percha, se arquea todo lo que puede para acercar su cloaca a la del macho, que en este momento realiza el máximo esfuerzo por mantener el equilibrio en la posición que le permita acercar su cloaca a la de su compañera.

El apareamiento se repite varias veces al día, desde unos dos o cuatro días antes de la puesta del primer huevo, hasta que la hembra inicia la incubación.

Con el objetivo de evitar que los polluelos nazcan escalonados, uno cada día, dado que la hembra normalmente no empieza a incubar hasta que ha puesto los primeros dos o tres huevos, se sustituyen los huevos a medida que los pone por réplicas de plástico.

Cuando la hembra finaliza la puesta, es decir, después del cuarto o del sexto huevo, o también el día después de haber puesto el último, se retiran los huevos artificiales y se colocan de nuevo los verdaderos.

Por norma general la incubación dura 14 días, a lo largo de los cuales se puede ver el desarrollo constante del huevo observándolo a contraluz.

Durante este periodo la hembra incuba los huevos sin concederse ningún tipo de distracciones, y solamente abandona el nido el tiempo necesario para desentumecer las alas, comer un poco y evacuar.

Resulta muy conveniente que pongamos a disposición de la hembra una pequeña bañera en donde, además de bañarse, la futura madre pueda mojarse las plumas para mantener la humedad de los huevos; de este modo, la cáscara elástica será mucho más fácil de romper en el momento de la eclosión.

Mirar los huevos a contraluz

Es una operación que sólo deben realizar los criadores expertos, ya que no es fácil apreciar las diferencias y se corre el riesgo de romper los huevos o molestar a la hembra.
Veamos qué informaciones nos proporciona esta observación:

• El primer día los huevos son claros y se puede ver con bastante claridad la yema.
• El cuarto día de incubación, el huevo empieza a volverse oscuro y el interior adquiere una tonalidad amarillenta uniforme; ya no se puede apreciar el contorno de la yema.
• Hacia el octavo día de incubación, el huevo presenta una masa central más oscura y en el interior se aprecia una pequeña media luna más clara en el extremo menos redondeado.
• El duodécimo día de incubación, el huevo es oscuro y en su interior se aprecia una masa oscura, constituida por el polluelo ya formado.

Cuando un huevo interrumpe su desarrollo, mirándolo a trasluz presentará las siguientes características: el interior se verá claro, de color amarillento y con una media luna clara en el extremo más redondeado.

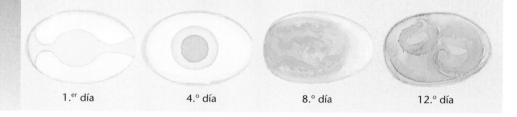

| 1.er día | 4.° día | 8.° día | 12.° día |

La eclosión y el destete

La eclosión es un momento muy delicado: los polluelos, con la piel clara u oscura, según el color que tendrán de adultos, cubiertos de plumón sólo en la cabeza y en el dorso, rompen la cáscara con la punta de diamante del pico y todavía están húmedos cuando se encuentran bajo el vientre de la madre. Tienen una cabeza desproporcionada, que apenas se aguanta sobre su fino cuello, y los grandes ojos salidos no son precisamente bellos.

Un nido de Lizard con tres crías de unos 15 días

La eclosión es un hecho natural, de modo que la ayuda del criador debería limitarse a los casos en que, pasados los catorce días de incubación, el polluelo no consiga salir. En esta circunstancia, lo primero que debe hacerse es humedecer con agua tibia los huevos y espe- rar unas horas. Si transcurrido ese tiempo el polluelo no ha logrado romper el huevo, entonces deberá hacerlo el criador.

Un nido de Lizard con cinco pequeños de unos 15 días

Ejemplo de cría artificial

Un polluelo saliendo del huevo, en medio de otros huevos que todavía no se han abierto

Polluelos ágata de ocho días en su nido

Polluelos ágata de 15 días: han crecido rápidamente, y el plumaje comienza a mostrar el dibujo típico

Para extraer el cuerpo mojado sin dañarlo en el punto en que la cloaca está pegada al huevo se requiere habilidad, delicadeza y mucha atención. Si durante

Eclosión artificial: cuando se extrae un pequeño del huevo se requiere mucha cautela y se corre el riesgo de dañar el pullus

la extracción se vierte una sola gota de sangre, el animal se habrá perdido. Una opción es romper la parte de la cáscara que bloquea la cabeza y dejar al pequeño medio dentro y medio fuera del huevo, para que él solo complete la operación.

Los polluelos que nacen de esta manera siempre serán más débiles que los nacidos en condiciones normales.

Unos minutos después de nacer, los pequeños abren el pico y ya están preparados para iniciar su rápido crecimiento, que les llevará a la independencia en el transcurso de unos 30 días.

Este periodo, tan corto para nosotros, resulta muy largo para los padres, que realizan grandes esfuerzos para cuidar a la prole, y también para los pequeños canarios, que luchan para crecer y sobrevivir.

Los cuatro primeros días, los recién nacidos son muy delicados. En este periodo se forman las premisas para un desarrollo correcto y rápido, o bien para un crecimiento difícil o incluso una muerte prematura. Las patologías neonatales están estrechamente relacionadas con los padres, que pueden ser poco activos al darles de comer y entonces los pequeños pasan de un estado de gran vitalidad a uno de depresión física difícil de recuperar. Sin embargo, si las condiciones de cría son favorables (ausencia de patologías y buena disponibilidad de los reproductores) a los siete u ocho días los polluelos pierden la pelusa para dejar sitio a las marcas de las plumas y del plumón. A las dos semanas, el cuerpo estará cubierto de plumas cortas, que una semana después estarán ya bien conformadas para constituir el plumaje juvenil antes de las cuatro semanas de vida.

La cuarta semana de vida conduce al destete, es decir, a la independencia. Los polluelos salen del nido, vuelan con total

---

DE LA ECLOSIÓN AL DESTETE

- Después de 14 días de incubación se rompen los huevos.
- Del 1.er al 3.er día de vida las crías son muy delicadas y reciben una alimentación muy rica en proteínas.
- Hacia el 6.º día abren los ojos, aunque su mundo se encuentra todavía en el nido.
- Hacia el 8.º día los pequeños dejan de defecar dentro del nido (en aquella membrana especial que permite a la hembra recoger los excrementos con el pico) y empiezan a asomarse al exterior.
- Entre el 10.º y el 12.º día se les puede poner las anillas de identificación, vigilando que la hembra no intente arrancarlas por considerarlas cuerpos extraños (si esto ocurre se pueden ensuciar con un poco de tierra o de carboncillo para que no brillen y no llamen tanto la atención).
- A partir de las dos semanas el plumaje empieza a estar al completo, con la cola que comienza a despuntar debajo de las alas.
- Entre el 18.º y el 21.º día se producen las primeras tentativas de salir del nido.
- A las cuatro semanas los pequeños ya son independientes y están en condiciones de ser separados de los padres.
- Al mes la separación tiene que hacerse efectiva porque el destete ya ha finalizado por completo.

LA ANILLA DE IDENTIFICACIÓN

La anilla se coloca cuando la pata ya es suficientemente grande como para llevarla, pero todavía es lo bastante elástica como para ser manipulada, es decir, a los siete u ocho días. Para lograr que la anilla pase con facilidad se unta con una gota de aceite o, para que no quede viscosa, con un poco de saliva. Al crecer, la anilla ya no podrá salir de la pata, y el canario llevará el «pedigrí» toda la vida.

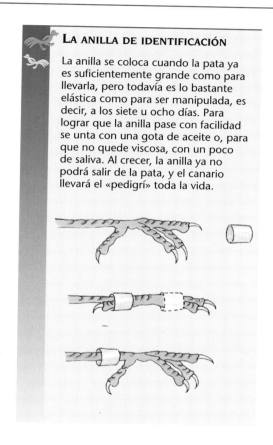

EL PERIODO DE INCUBACIÓN

Tiempo atrás, muchos criadores hacían todo lo posible para que las reproductoras pusieran huevos ya en el mes de enero; lograban su objetivo caldeando e iluminando el ambiente con recursos artificiales. En cambio, la tendencia actual es dejar que los canarios tengan un ritmo más natural: las incubaciones se inician en marzo y concluyen a finales del mes de junio. Se deja que cada hembra críe hasta tres nidadas, y a continuación se la pone en reposo.

A los treinta días los canarios pueden considerarse destetados y se pueden separar de los padres. En los voladeros, en donde se alojan en grupos numerosos (según el espacio a disposición) habrá que proporcionarles una alimentación rica en contenido proteínico, vitaminas y sales minerales (se recomienda un integrador rico en vitamina A y AD3, porque favorece el crecimiento y la muda, que tendrá lugar en verano).

Los jóvenes canarios conservan el plumaje juvenil hasta que finaliza el periodo de la muda, en verano, momento en que todos los ejemplares del año, independientemente de que sean de la primera o la última nidada, vestirán el plumaje adulto, con las características típicas del plumaje que tendrán toda la vida, aunque lo muden cada verano.

imprecisión por la jaula y empiezan a picotear la comida, emulando a los padres, aunque todavía reciben alimento en la boca, sobre todo por parte del macho, mientras que la hembra se dedica a preparar un nuevo nido para la nidada siguiente.

LA HIBRIDACIÓN

La cría de los híbridos de canario es una actividad que desde hace mucho tiempo despierta la curiosidad y la fantasía de muchos aficionados. La motivación está orientada en dos direcciones: la búsqueda del color y la de melodías canoras variadas.

A este respecto no podemos olvidar que todos los canarios son capaces de emitir, en mayor o menor medida, un canto melodioso. Las tres razas de canto tienen peculiaridades únicas, pero el canto de los Sajones o de otros canarios de origen inglés puede ser muy agradable, igual que el canto de muchos otros pequeños Fringílidos que pueden hibridarse fácilmente con el canario.

Muchos criadores, sobre todo en el periodo que siguió a la segunda guerra mundial, se dedicaron (y todavía continúan haciéndolo) a la hibridación, con resultados en muchos casos sorprendentes por la belleza estética de los ejemplares criados y por sus importantes cualidades canoras.

Pero ¿qué es un híbrido? Desde la perspectiva técnica es el fruto de la unión de dos ejemplares pertenecientes a especies diferentes, pero que poseen un grado de afinidad que les permite la procreación. Dos especies distintas que generan un híbrido reciben el nombre de «homogenésicas». Muchos híbridos son estériles o tienen un índice de fertilidad muy reducido con respecto a las especies de las que derivan. En estos casos, las hembras, que no presentan una coloración tan vivaz como la de los machos, no tienen cualidades canoras específicas particulares, ni importancia alguna para la reproducción. Dado que no tienen valor, el criador dedica sus atenciones a los machos, que tanto por belleza como por cualidades vocales podrán darle grandes satisfacciones.

En la elección de los pájaros con los cuales hibridar los canarios para obtener buenos cantores, los criadores han manejado infinitas posibilidades, partiendo en muchos casos de razas de canto, pero también del robusto y frugal Sajón.

¿HÍBRIDOS O MESTIZOS?

El factor fertilidad nos permite establecer la diferencia entre híbrido y mestizo: el primero es el resultado del apareamiento de dos ejemplares de especies diferentes; el segundo, por el contrario, es fruto de la reproducción de dos ejemplares de una misma especie, pero de razas diferentes. El apareamiento entre canarios de razas diferentes dará descendencia fértil, tanto si son machos como si son hembras. A veces ocurre, sin embargo, que los mestizos son más fértiles que los ejemplares de las razas progenitoras.

En la cría de híbridos, hay que administrar a los pájaros una alimentación capaz de satisfacer las exigencias de las especies que se hacen convivir y se les debe colocar en el ambiente adecuado.

Normalmente los criadores prefieren aparear ejemplares que no se han reproducido nunca con ejemplares de su misma especie, alojando las parejas en jaulas de buenas dimensiones, colocadas en lugares tranquilos, y, si es posible, con ramas de plantas persistentes que sirvan de cobijo a los reproductores, creando un ambiente íntimo y seguro.

Si la hibridación es entre un canario y un ejemplar de otra especie nacido en libertad y posteriormente capturado, se suele usar el macho de la especie salvaje y la hembra del canario. Cuando la hembra, acostumbrada desde siglos a la cautividad, está preparada para la reproducción, el macho salvaje se dejará convencer siguiendo el instinto natural de la multipli-

cación de la especie. En cambio, es más difícil que una hembra acostumbrada a vivir en libertad tenga predisposición para la reproducción en cautividad, a menos que el alojamiento esté muy bien estudiado y el animal se encuentre tan a gusto como en su propio hábitat natural. De todos modos, he tenido ocasión de ver personalmente hembras de jilguero aparearse y criar en cautividad, bien con machos de su misma especie o bien hibridadas con canarios y verderones. En la mayoría de los casos es simplemente una cuestión de cuidado y paciencia.

Los híbridos más difundidos

La hibridación de canarios con jilgueros es una práctica muy antigua, especialmente en Italia, Francia y España, en donde existe una gran tradición de cría de Fringílidos.

Jilguero macho: los híbridos de jilguero y canario son los cantores por antonomasia

El apareamiento entre estas dos especies da excelentes resultados, tanto en lo que se refiere a coloración, como a capacidad de canto de los ejemplares machos.

El jilguero, *Carduelis carduelis,* es un Fringílido muy difundido en todo el continente europeo y en buena parte de Asia, donde habitualmente es capturado (de forma legal) para ser comercializado en el mercado europeo. Se conocen varias subespecies, que por lo general difieren entre sí por una mayor o menor coloración de la máscara facial roja, por la presencia de negro en la parte posterior de la cabeza y por la talla, que va de los 12 a los 15 cm. El jilguero es alegre, vivaz, necesita espacio para volar y, si se cría con los debidos cuidados, se adapta bien a la vida en cautividad. Por el tipo de alimentación puede convivir perfectamente con los canarios, y puede aparearse sin problemas con los ejemplares de talla más parecida, es decir, con los cantores y los Sajones.

Híbrido de jilguero y canario con las características típicas de este cantor. Se puede deducir que es un macho por la máscara facial heredada del jilguero; el resto del plumaje es de colores suaves, como en la mayoría de los híbridos de estos pájaros

Dos híbridos de jilguero y canario en los que pueden apreciarse distintas intensidades de coloración de la máscara facial: esto puede depender de la variedad de canario utilizada en la hibridación, o también puede ser que el más rojo haya sido alimentado con pasta especial con colorantes para canarios de factor rojo

Magnífico macho de cardenal de Venezuela

F1 de cardenal y canario

Independientemente de la raza que se haya elegido, los ejemplares machos nacidos de la unión con el jilguero serán, en el 90 % de los casos, excelentes cantores. El cruce de jilguero × canario (se indica siempre en primer lugar la especie a la que pertenece el macho) da buenos resultados al menos en el 50 % de los casos. Los aficionados eligen el cruce de estos dos pájaros por dos motivos: el canto y la belleza de los ejemplares, que presentan colores intensos, con máscara de color o con manchas concretas que diferencian al ejemplar de la mayor parte de híbridos, que normalmente son de color oscuro, de base verde o marrón. El canto, que es diferente en cada animal, porque en los híbridos las capacidades vocales son muy subjetivas, es muy variado y la voz, melodiosa; además, estos ejemplares poseen una capacidad de aprendizaje significativa.

Si bien la hibridación con el cardenal de Venezuela (*Carduellis cucullatus* o *Spinus cucullatus*) se efectúa para buscar la coloración roja y no por el canto, no se puede negar que los híbridos están dotados de un canto armonioso y melodioso.

Híbrido de lugano y canario

Estos híbridos tienen una particularidad: algunos machos son fecundos si se aparean con hembras de canario; generan ejemplares denominados F1 que, con posteriores apareamientos con hembras de canario, dan un canario auténtico, pero caracterizado por una coloración roja más marcada, patrimonio hereditario del cardenal.

El alegre y simpático verderón *(Carduelis spinus)* es un pájaro dócil que se adapta a la convivencia con el canario y crea híbridos con una coloración dominante verde amarilla, heredada del propio verderón, con capacidades canoras particularmente armónicas y melodiosas, y características típicas del canto del verderón y del canario.

El verderón de cabeza negra *(Carduelis magellanicus)* genera híbridos de buen canto. Sin embargo, son híbridos nada fáciles de obtener y, como en los otros casos de *Spinus*, es conveniente intentar el apareamiento con un macho «silvestre» × hembra de canario.

La unión verderón euroasiático *(Carduelis chloris)* × canario produce híbridos

Verderón euroasiático

Pareja de luganos de cabeza negra

Verderón euroasiático ancestral

Híbrido de verderón y canario

Serín africano

con el canto melodioso típico del canario, pero con silbidos agudos intercalados propios del canto del verderón.

El lugano *(Serinus serinus)* cruzado con hembras de canario genera fácilmente híbridos que se muestran excelentes cantores, igual que los híbridos de pinzón y pinzón africano, que en muchos casos se caracterizan por un plumaje de colores vivaces y dibujo nítido, o magníficos cantores generados por el apareamiento entre realejo × canario.

Pardillo sizerín

Híbrido de pardillo sizerín y canario

También son cantores excelentes los productos de los cruces de canario de Mozambique × canario o de pinzón mexicano × canario.

Pareja de canarios color azufre

Magnífico macho de camachuelo mexicano: sus híbridos son unos excelentes cantores

Pareja de camachuelos mexicanos: en su país de origen están tan difundidos como el gorrión en España

LA MUDA Y EL DESCANSO INVERNAL

Los principales cuidados durante la muda

La muda es un fenómeno fisiológico que experimentan cada año todos los canarios. La muda de los adultos es completa y más larga que en los jóvenes, que en el primer año mudan solamente las plumas y adquieren el color propio de los adultos.

La glándula suprarrenal, la tiroides, las gónadas y la hipófisis, en determinadas épocas del año, producen hormonas que estimulan el instinto reproductor y pro-

vocan un aumento de actividad en los canarios. Cuando la tiroides deja de producir hormonas, el canario entra en un periodo de hipoactividad, aumenta ligeramente su peso e inicia la muda.

Dado que este comportamiento puede ser inducido, el criador puede poner fin al periodo reproductor separando los machos de las hembras, e instalando estas últimas en voladeros espaciosos. Si pese a todo algunas de ellas se obstinan en no concluir el periodo reproductor, hay algunos recursos prácticos para modificar la acción de la tiroides, como por

Un ejemplar bronce que presenta una buena coloración

ejemplo arrancarles algunas timoneras y rémiges para desencadenar el inicio del cambio de pluma.

Poner fin a la época reproductiva en el momento adecuado es muy importante para conservar a los animales reproductores en perfecto estado para la siguiente temporada de reproducción. En efecto, si mudan tarde, los canarios no tienen bastante tiempo de reposo para iniciar la temporada reproductiva del año siguiente.

Para los criadores es muy importante que los canarios «cambien de pluma» de

LA MUDA

Los pájaros en cautividad mudan el plumaje en épocas que no coinciden con las de los que viven en libertad; la evolución de la muda de los canarios puede seguirse fácilmente observando el cambio de las rémiges de las alas, que se produce simultáneamente en ambos lados

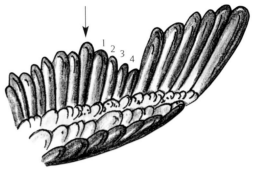

La muda rápida dura aproximadamente seis semanas: la pluma (1) próxima a la central (flecha) ha crecido hasta la mitad; las otras plumas (2, 3, 4) han crecido un tercio, un cuarto y un quinto respectivamente de la longitud final

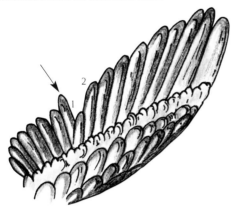

Una muda lenta es la que requiere unas catorce semanas: la pluma (1) próxima a la central (que señala la flecha) ha crecido hasta la mitad, mientras que la segunda pluma (2) todavía no ha caído

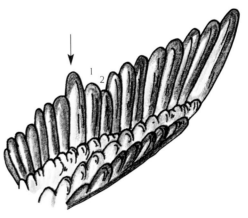

Una muda normal dura entre ocho y nueve semanas: cuando la pluma (1) próxima a la central (flecha) ha crecido hasta la mitad, la segunda (2) ya ha alcanzado un cuarto de su longitud; las otras crecen al mismo ritmo

forma rápida, completa y sin ningún problema: en el caso de los reproductores, porque el periodo de muda les puede debilitar, y, si se trata de ejemplares que deben participar en muestras ornitológicas, porque han de ser presentados en perfecto estado y con el plumaje impecable.

La época de la muda suele coincidir con el periodo central y final del verano, es decir, a partir de agosto. De todos modos, las fechas no son exactas; por ejemplo, los canarios jóvenes normalmente empiezan la muda a los 80 o 90 días de vida, de modo que los nacidos a principios de temporada empiezan la muda a mediados de julio, en tanto que los que nacen al final lo hacen hacia septiembre. Sin embargo, si se prolonga el periodo de reproducción hasta mediados de julio, los ejemplares nacidos fuera de la época normal de reproducción no esperan los 80 o 90 días de rigor, sino que anticipan la muda a los 60 o 70 días, y esta dura un poco menos.

Para los pájaros, la muda es un periodo especial a lo largo del cual el criador les debe prestar la máxima atención posible.

Teniendo en cuenta que las plumas están constituidas de queratina, azufre y otros minerales, que el organismo asimila sobre todo de las proteínas y de los minerales contenidos en los alimentos, durante la muda es conveniente administrar una alimentación adecuada:

— semillas oleosas, que aportan una cantidad suficiente de sustancias grasas;
— pasta de huevo, muy digerible y de elevado contenido proteínico, de venta en todos los comercios especializados;
— complejo vitamínico a base de vitaminas A y D, que se diluye en el agua de beber y se alterna con agua alcalina, que se obtiene diluyendo 8 g de bicarbonato por cada litro de agua.

La col, un alimento rico en azufre, constituye un buen complemento dietético. En este periodo no escatimaremos las sales minerales, mezcladas con grit o simplemente ofreciendo a los pajaritos un comedero con aceite de hígado de bacalao liofilizado, mezclado a partes iguales con carbón vegetal en polvo y con uno de los muchos suplementos minerales que se comercializan.

Además de cuidar que la alimentación sea sana y completa, durante la muda hay que vigilar de modo especial la limpieza de las jaulas y de los animales: el baño será diario y el agua se mantendrá siempre limpia. La arena del fondo ha de estar constantemente limpia y desinfectada; perchas, comederos y el resto de accesorios tienen que lavarse cada vez que se observe que no están totalmente limpios. Es importante comprobar la ausencia de corrientes de aire y de extractores, y controlar la temperatura para que sea constante y nunca baje a menos de 22 °C.

La muda en los canarios de color de factor rojo

A los canarios de factor rojo, se les debe suministrar durante la muda un suple-

EL MOMENTO PROPICIO PARA LA CANTAXANTINA

La cantaxantina, que se encuentra habitualmente en el plumaje del cardenal y de los canarios de factor rojo, actualmente se puede sintetizar químicamente para ser utilizada como complemento en la alimentación de los canarios en el momento en que sea preciso potenciar la intensidad del rojo. Este colorante sintético actúa en todos los canarios, tanto de factor rojo como de factor amarillo.
Se ha comprobado que, alimentados con las mismas pastas enriquecidas con suplementos que se dan a los canarios rojos, los amarillos cambian la coloración y adquieren un tono naranja, y muchos ejemplares blancos han presentado reflejos naranjas en el pecho y en la base de la cola. Cuando esta alimentación no se administra durante el periodo de muda sino después, la coloración anómala aparece en la muda siguiente.

Crías de canario rojo coloreado: a los pocos días de vida muestran ya la coloración roja de la piel, del primer plumón y de las primeras plumas que despuntan

mento de alimentos con colorantes que aumenten la intensidad del rojo natural.

Antiguamente se usaba la misma alimentación para todos los canarios de color, hasta que se descubrió que los ejemplares de factor rojo mejoraban la coloración con una dieta que contuviera caroteno. Para los canarios, el carotenoide más útil es el betacaroteno, una provitamina A. Dado que la vitamina A es fundamental, es evidente que el betaca-

roteno aporta una doble ventaja: potencia el color rojo y ayuda al canario en el periodo más difícil del año. De todos modos no hay que excederse; existen también otros colorantes que pueden aumentar el rojo del plumaje, algunos de origen vegetal, otros de síntesis química. Los productos que se venden ya están formulados de modo que no resulten perjudiciales; son, por ejemplo, las pastas de preparación rápida y los coloran-

PASTAS PARA LOS CANARIOS DE FACTOR ROJO

Las pastas con carotenoides para los canarios de factor rojo hace unos años se administraban solamente durante el periodo de muda. Hoy día, en cambio, se suministran a los reproductores también en la fase de cría de los polluelos, ya que los canarios jóvenes que participan en muestras no mudan las timoneras de la cola ni las rémiges de las alas, y últimamente se prefieren ejemplares con el ala de color a los de ala blanca. La coloración de los pequeños desde la eclosión provoca un aspecto especial y muy visible: la piel de los canarios se vuelve más roja que la de los ejemplares sin colorear.

tes líquidos que se añaden a la pasta de huevo habitual.

Los principales cuidados durante el reposo invernal

En el periodo que sigue a la muda, la mayor parte de los reproductores está en condiciones de forma discretas después de los esfuerzos de la cría y del cambio de plumaje. Por esta razón, el periodo de reposo es necesario para llegar en perfectas condiciones a la temporada de reproducción siguiente.

A los ejemplares noveles del criadero se les aplicará el mismo trato que a los reproductores durante el reposo:

— alojamiento separado de machos y hembras;
— alimentación ligera y de fácil asimilación (sólo alpiste como semilla seca, sémola, verdura y fruta fresca, y en algunos casos negrillo germinado);
— revisión sanitaria bimensual con análisis de heces y tampones cloacales tomando como muestra los ejemplares

que no dan signos de estar en perfecta forma física;
— eliminación del grupo de futuros reproductores de todos los animales considerados no idóneos por razones técnicas o de salud.

Los noveles destinados a las muestras se instalarán en jaulas individuales, para cuidar al máximo el plumaje, el porte y, en el caso de los cantores, la escuela de canto realizada con machos adultos de buenas cualidades vocales.

Para los futuros reproductores el periodo invernal es realmente de reposo, durante el cual no tienen problemas, ni deberes de pareja, ni deben ocuparse de las crías. El descanso va de septiembre a enero, mes en que se reanuda la actividad reproductora.

Para los ejemplares noveles de exposición es un periodo de fatigas y estrés: vida solitaria en jaulas pequeñas, desplazamientos de una muestra a otra, ambientes nuevos y muchas personas a su alrededor. En definitiva, todo un calvario, sobre todo para los ejemplares más bellos, que empiezan a obtener puntuaciones altas en las muestras locales en octu-

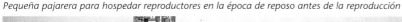
Pequeña pajarera para hospedar reproductores en la época de reposo antes de la reproducción

bre y continúan compitiendo hasta pasado enero, participando en campeonatos regionales, nacionales y, por último, el mundial.

Estos ejemplares (en las muestras participan solamente los nacidos en el año), a pesar de ser jóvenes, al finalizar las muestras necesitan un periodo de reposo. Por esta razón, para ellos la temporada de reproducción empieza más tarde o incluso es aplazada hasta el año siguiente, si el criador no quiere «apretar» a sus animales y prefiere que tengan una vida mejor y más larga.

LA CONVIVENCIA CON OTRAS ESPECIES

La convivencia entre canarios y pájaros de otras especies es posible, y a veces resulta muy alegre, sobre todo si son especies afines, como es el caso de muchos Fringílidos, con los que el canario puede incluso hibridarse.

La buena convivencia se basa en una serie de presupuestos:

— espacios razonablemente amplios;
— disposición en varios puntos de comi-

da y agua, para evitar que los más fuertes impidan comer y beber a los más tímidos;
— en presencia de ejemplares de ambos sexos de varias especies, es conveniente que para cada especie el número de machos sea siempre igual o inferior al de hembras;
— es posible (pero en mi opinión no es aconsejable) agrupar varias especies de cantores e intentar que convivan

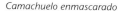

Camachuelo enmascarado

Camachuelo de Pallas

Camachuelo de cola larga

sólo machos para disfrutar al máximo de sus melodías (las hembras no cantan, y su presencia disminuye las «serenatas» vespertinas);

— si se intenta la reproducción en colonias mixtas conviene disponer por lo menos el doble de nidos que de hembras;

— si en el grupo hay algún ejemplar dominante y agresivo, hay que separarlo antes de que cause daños; si hay varios ejemplares agresivos, hay que ver si sustituyendo a los dominantes la víctima es siempre la misma, en cuyo caso habría que separar a esta última.

Del grupo de los Fringílidos, aparte de los que hemos citado en referencia a la hibridación, los canarios conviven bien, si disponen de espacio suficiente, con muchos pardillos, como el pardillo de cabeza negra, el pardillo del Pallas y el pardillo de cola larga; y con algu-

Pinzón alpino

Pinzón cabeza anaranjada

Pinzón marrón

nos hortelanos, como el hortelano de cabeza naranja, el hortelano de las nieves, el hortelano marrón y otros.

El canario también puede convivir con muchos Ploceidos, como el ave del paraíso o el napoleón; con muchísimos Estríldidos, como el diamante de Gould, el capuchino de cabeza negra, el jilguero del Japón, el diamante mandarín y otros.

Otros animales aptos para la convivencia con los canarios son los pájaros dóci-

Macho de tejedor granadero

Macho de napoleón

Macho de ave del paraíso

Diamante de Gould

Gorrión de Japón

Padda blanco

Capuchino de cabeza negra

Pareja de tórtolas diamantinas

Tórtola diamantina en el nido

Nido de tórtola diamantina con huevos

Codorniz

Grupo de periquitos

les de familias bastante distantes, siempre que tengan las condiciones necesarias, como las tórtolas diamante.

Otra posibilidad de convivencia es en voladeros con pájaros de hábitos terrestres, como las codornices chinas, siempre que haya puntos elevados de comida y agua.

Y, al contrario, el canario no puede convivir con ningún otro pájaro de carácter agresivo, como el loro (ni tan siquiera con las pequeñas y aparentemente dóciles cotorras o los estorninos), ni con pájaros de talla superior, aunque no sean especialmente agresivos, como algunos pájaros insectívoros, que se impondrían a los canarios, sólo por la diferencia de físico.

Por último, es impracticable la convivencia con tórtolas y palomas, que son caníbales con ejemplares de su misma especie, y serían todavía más peligrosas para los canarios.

Sexta parte
Las enfermedades

Por Gino Conzo*

* Especialista en patología de las aves, docente e
investigador en el campo de las enfermedades de los
pájaros de jaula en la Universidad Federico II de Nápoles

LAS PRINCIPALES ENFERMEDADES INFECCIOSAS

Acariasis respiratoria

Agente etiológico: *Sternostoma tracheacolum*, ácaro que se localiza en la tráquea.

Transmisión: vía orofecal o de padres a hijos en la alimentación.

Incubación: de 3 semanas a algunos meses.

Síntomas: golpes de tos, estertores, respiración con la boca abierta. Muerte por asfixia.

Diagnóstico: los ácaros se pueden observar en los canarios de piel clara; se extiende el cuello del animal e iluminando la región de la tráquea se observan los ácaros en forma de puntitos negros, a veces en movimiento. Los huevos de los ácaros se hallan en las heces.

Tratamiento: ivermectina por vía subcutánea o transcutánea (2 U.I. de insulina del producto diluido 1:9 en glicol propilénico) cada 10-15 días durante 2-3 veces.

Atoxoplasmosis

Agente etiológico: *Atoxoplasma serini.*

Transmisión: vía orofecal.

Incubación: 5-7 días.

Síntomas: enmarañamiento de las plumas, adelgazamiento, diarrea, síntomas nerviosos, dificultades en la puesta de huevos. El hígado está dilatado y se presenta como una macha oscura en el abdomen.

Diagnóstico: los protozoos se pueden apreciar en el vidrio de color con método de Giemsa, preparado con muestra de hígado o bazo de animales muertos. Los ooquistes parasitarios se pueden observar con el análisis parasitológico de las heces.

Tratamiento: el atoxoplasma es particularmente resistente a los fármacos utilizables en la coccidiosis. Conviene asociar la doxiciclina y el sulfametosazol/trimethoprim en 2 o más ciclos (incluso 4 o 5) de 5 días con intervalos de 2 días de suspensión. Pronóstico no siempre favorable.

Prevención: limpieza diaria de las jaulas. Aislamiento y análisis de las heces en las nuevas adquisiciones.

Campylobacteriosis

Agente etiológico: *Campylobacter jejuni.*

Transmisión: vía orofecal. El *Campylobacter* puede estar presente en muchos pájaros y mamíferos domésticos y silvestres.

Incubación: 7-10 días.

Síntomas: alta mortalidad de los recién nacidos y de los jóvenes en época de destete. Somnolencia, anorexia, diarrea.

Diagnóstico: aislamiento del *Campylobacter* a través del análisis bacteriológico.

Tratamiento: los antibióticos utilizados con éxito son la eritromicina y las tetraciclinas.

Prevención: limpieza escrupulosa y desinfección periódica de jaulas y accesorios.

Candidiasis

Agente etiológico: *Candida albicans.*

Transmisión: horizontal y vertical. Están especialmente predispuestos los pájaros inmunodeprimidos o sometidos a largos tratamientos antibióticos.

Incubación: pocos días.

Síntomas: vómito, diarrea, adelgazamiento.

Diagnóstico: identificación de *Candida albicans* a través de platinas coloreadas con el método de Gram y posible aislamiento en cultivo adecuado.

Tratamiento: nistatina o ketakinazolo.

Prevención: evitar las fuentes de estrés para los canarios.

Coccidiosis

Agente etiológico: *Isospora canarial.*

Transmisión: vía orofecal.

Incubación: 7-10 días.

Síntomas: enmarañamiento de las plumas, adelgazamiento muy evidente, especialmente en los jóvenes recién destetados, abdomen enrojecido o hinchado.

Diagnóstico: identificación de los ooquistes parasitarios en las heces mediante análisis parasitológico.

Tratamiento: se pueden emplear sulfamidas, furánicos o tetraciclinas realizando 2 ciclos de 3 días de tratamiento alternados con dos de interrupción.

Prevención: limpieza diaria de las jaulas. Aislamiento y análisis de las heces en las nuevas adquisiciones.

Colibacilosis

Agente etiológico: *Escherichia coli.*

Transmisión: directa, vía orofecal y vertical (también transovárica) o indirecta. Dado que *Escherichia coli* está presente en la naturaleza en muchas especies animales (incluido el hombre) y en el medio externo, la posibilidad de infección para los canarios es particularmente alta. El microorganismo ha sido hallado frecuentemente en mezclas de semillas y pastas destinadas a la alimentación de pájaros.

Incubación: uno o más días.

Síntomas: cambian según la evolución de la enfermedad (septicemia o localización en algunos órganos); enmarañamiento de las plumas, letargia, anorexia. En ciertos casos muerte repentina no precedida de síntomas evidentes (colisepticemia). Diarrea («tapones de la cloaca»), deshidratación y adelgazamiento (enteritis colibacilar). Alteraciones respiratorias (estertores y silbidos, tos, disnea). Supresión de la puesta o mortalidad embrionaria y neonatal.

Diagnóstico: aislamiento del *Escherichia coli* con análisis bacteriológico.

Tratamiento: es muy importante la realización de un antibiograma por la elevada resistencia de los troncos de *Escherichia coli* a muchos antibióticos.

Prevención: limpieza escrupulosa y desinfección periódica de jaulas y accesorios.

Estafilococosis

Agente etiológico: *Staphilococcus aureus.*

Transmisión: *Staphilococcus aureus* se encuentra presente en muchos pájaros clínicamente sanos y puede ser transmitido tanto por vía horizontal como vertical.

Incubación: variable de horas a meses.

Síntomas y lesiones: mortalidad embrionaria, muerte repentina de los adultos (septicemias agudas), síntomas nerviosos, necrosis de las puntas de los dedos.

Diagnóstico: aislamiento e identificación de los estafilococos.

Tratamiento: los estafilococos generalmente son sensibles a las penicilinas y a las cefalosporinas; es importante, sin embargo, realizar el antibiograma.

Prevención: observación de las medidas higiénicas.

Estreptococosis

Agente etiológico: *Streptococcus spp.* (en particular troncos hemolíticos).

Transmisión: horizontal y vertical.

Incubación: pocos días.

Síntomas: mortalidad embrionaria y neonatal, disnea, diarrea, conjuntivitis y sinusitis.

Diagnóstico: aislamiento e identificación de los microorganismos a través del examen bacteriológico.

Tratamiento: muchos antibióticos (enrofloxacina, tilosina, penicilinas, cefalosporinas) resultan eficaces en el tratamiento de los pájaros enfermos.

Prevención: observación de las medidas higiénicas.

Megabacteriosis (proventriculitis bacteriana)

Agente etiológico: *Megabacterium spp.*

Transmisión: vía orofecal.

Incubación: 7-10 días.

Síntomas: adelgazamiento progresivo, mortalidad elevada en recién nacidos a partir de 7-10 días de vida.

Diagnóstico: identificación de las megabacterias a través del análisis microscópico de la mucosa proventricular (ejemplares muertos) o por las heces.

Tratamiento: amfotericina B por vía oral.

Prevención: tratamiento con amfotericina B de los reproductores.

Pseudomoniasis

Agente etiológico: *Pseudomonas aeruginosa.*

Transmisión: la bacteria se halla frecuentemente en el medio acuático, en agua estanca y en bebederos sucios. Muchas aves silvestres son portadoras y diseminadoras a través de las heces.

Incubación: de pocas horas a 2-3 días.

Síntomas: diarrea, deshidratación y muerte rápida precedida de disnea.

Diagnóstico: aislamiento de los gérmenes a través de análisis bacteriológico.

Tratamiento: *Pseudomonas aeruginosa* es sensible a los antibióticos aminoglucósidos (gentamicina, neomicina, aminosidina) y a los quinolonas de última generación (enrofloxacina, ciprofloxacina).

Prevención: limpieza escrupulosa de comederos, bebederos, tubos y depósitos de agua.

Pseudotuberculosis

Agente etiológico: *Yersinia pseudotubercolosis.*

Transmisión: principalmente a través de la ingestión de alimentos contaminados por heces de roedores y pájaros silvestres portadores de *Yersinia pseudotubercolosis.*

Incubación: entre pocos días y 2-3 semanas.

Síntomas: adelgazamiento progresivo, disnea grave.

Diagnóstico: son característicos los focos necrósicos y los granulomas, en particular en hígado y bazo. El diagnóstico de certeza viene dado por el aislamiento de la *Yersinia* a través del análisis bacteriológico.

Tratamiento: problemático porque los gérmenes contenidos en los granulomas son difíciles de alcanzar por los antibióticos.

Prevención: prevenir el contacto con roedores y pájaros silvestres.

Salmonelosis

Agente etiológico: bacterias del género *Salmonella. Salmonella typhimurium* representa el serotipo más común.

Transmisión: directa, vía orofecal y vertical (también transovárica) o indirecta. Muchos mamíferos, reptiles, insectos y aves silvestres actúan como reservorios y pueden ser portadores sanos de la infección.

Incubación: generalmente 3-5 días (2 días en los casos de transmisión transovárica).

Síntomas: diarrea, letargia, anorexia o muerte repentina, sin síntoma precedente alguno. Mortalidad embrionaria y neonatal. El número de ejemplares muertos en el criadero puede ser muy elevado (80-90 %).

Diagnóstico: aislamiento de la *Salmonella* mediante análisis bacteriológico.

Tratamiento: muchos antibióticos son activos contra las salmonelas; sin embargo, es aconsejable el antibiograma por la existencia de troncos antibióticos resistentes.

Prevención: higiene escrupulosa y desinfección periódica de jaulas y accesorios. Lucha de insectos y roedores.

Sarna

Agente etiológico: *Knemidokoptes pilae*, ácaro de localización subcutánea.

Transmisión: directa. Parece existir predisposición hereditaria.

Síntomas: espesamiento de la piel en escamas muy pronunciadas en las patas y los dedos.

PRINCIPALES ANTIBIÓTICOS Y DOSIS UTILIZADAS EN LOS CANARIOS			
Antibiótico	Vía intramuscular (mg/kg)	En agua (mg/l)	En la comida (mg/kg)
amfotericina B (suspensión de 100.000 U.I./ml)	-	8 ml/l	-
amoxicilina	50-100	200-400	300-500
ampicilina	50-100	1.000-2.000	2.000-3.000
cloramfenicol	100-200	100-200	200-300
clortetraciclina	50-100	1.000	1.500
doxiciclina	75-100	250	1.000
enrofloxacina	15-20	200	200
eritromicina	25	125	200
espectinomicina	50	200-400	400
espiramicina	20	200-400	400
lincomicina	-	100	200
neomicina	-	80-100	100
nistatina (suspensión de 100.000 U.I./ml)	-	8 ml/l	8 ml/kg
polimixina	10	50.000 U.I.**	50.000 U.I.
tilosina	15	250-300	400
trimethoprim/sulfametosazol*	-	50-100	100

* La dosificación considera solamente el trimethoprim.
** U.I. = Unidades Internacionales.

Diagnóstico: los ácaros se observan en raspados cutáneos puestos al microscopio.

Tratamiento: aplicación local de ivermectina; a veces basta con una sola aplicación, si no debe repetirse al cabo de unos días.

Viruela

Agente etiológico: *Avipoxvirus* (tronco específico del canario).

Transmisión: picadura de insectos (especialmente mosquitos).

Incubación: 15-20 días.

Síntomas: presencia de pápulas y costras (forma cutánea) en las áreas carentes de plumas (orificios nasales, párpados, comisuras del pico, dedos). Presencia de membranas fibrinosas en lengua, laringe, faringe, esófago y papo (forma difteroide). Disnea grave, anorexia y cianosis (forma septicémica). Las tres formas pueden manifestarse independientemente o coexistir. La mortalidad puede llegar al 100 % en las formas septicémicas.

Diagnóstico: examen histológico de las lesiones sospechosas.

Tratamiento: no existe terapia específica. El uso de antibióticos es útil para prevenir las infecciones bacterianas secundarias y, en consecuencia, para reducir la mortalidad.

Prevención: vacunación con vacunas específicas para el canario. Lucha contra los mosquitos.

Nota

En general todas las enfermedades infecciosas pueden afectar tanto a adultos como a polluelos. No obstante, conviene especificar que algunas de ellas tienen una incidencia particularmente negativa (con alto índice de mortalidad) en los recién nacidos: salmonelosis, colibacilosis, campylobacteriosis, megabacteriosis, estreptococosis.

Otras enfermedades tienen repercusiones muy negativas en los embriones, provocando un índice elevado de mortalidad antes de la eclosión, con el pullus ya formado: salmonelosis, colibacilosis, estafilococosis, estreptococosis.

En general, todas las enfermedades que afectan a los canarios tienen un tratamiento con expectativas satisfactorias cuando se trata de ejemplares adultos y si el diagnóstico es rápido.

La prevención

Los canarios son muy sensibles a las distintas enfermedades infecciosas de etiología bacteriana, vírica, micótica o parasitaria. Algunas enfermedades son estrictamente especie-específicas (una sola especie es sensible a un agente patógeno determinado); otras son comunes a un grupo más amplio de pájaros o a todas las aves de jaula. Es fundamental saber qué especies son sensibles a una determinada enfermedad infecciosa y de qué manera esta infección puede penetrar en el criadero, tanto para estar en condiciones de luchar contra ella en el momento en que se manifiesta, como para prevenir su difusión.

En el ámbito de la patología aviaria, la prevención de las enfermedades infecciosas probablemente es más importante que en otras ramas de la veterinaria, porque muy frecuentemente los pájaros no manifiestan los síntomas de una enfermedad hasta el momento en que el proceso patológico se encuentra en un estadio avanzado. En estado natural, un pájaro enfermo suele «ocultar» su propia condición patológica para evitar la agresión por parte de predadores o de individuos de su misma especie, y es muy probable que este instinto se haya conservado también en la vida en cautividad. En muchos casos, hay que ser un experto para descubrir que un pájaro, o todo el grupo, está enfermo.

La profilaxis higiénico-sanitaria es especialmente importante en la avicultura porque, a diferencia de lo que ocurre con otros animales domésticos, no existen suficientes vacunas (o si existen son difíciles de conseguir) para prevenir las enfermedades principales de los pájaros de jaula.

A continuación, veremos las pautas que deben respetarse para prevenir las enfermedades infecciosas más comunes de los canarios.

La cuarentena

Una medida fundamental es el aislamiento de los animales nuevos durante el periodo necesario para la observación antes de introducirlos en el grupo: dos semanas como mínimo y, a ser posible, en un local aparte. En efecto, para un canario no hay nada más peligroso que un ejemplar de la misma especie enfermo.

El aislamiento, además, beneficia al recién llegado porque propicia un control mayor por parte del criador, y porque el animal, al no estar acompañado de otros pájaros, no sufrirá el estrés de verse incluido de pronto en un grupo nuevo.

En condiciones ideales, a los pájaros en cuarentena se les debe tomar muestras de material fecal y tampones cloacales para enviar a un laboratorio especializado con el fin de descartar la presencia de posibles agentes patógenos.

Lo dicho en referencia a los canarios de adquisición reciente es aplicable también a los ejemplares del criadero a su regreso de las muestras o las competiciones.

El contacto con pájaros exóticos

A lo largo del año en nuestro país se importan muchos ejemplares de numerosas especies exóticas. Estas aves son posibles reservorios de distintas enfermedades infecciosas transmisibles a los canarios, y por lo tanto requieren un control adecuado.

Así por ejemplo, los Fringílidos y los Estríldidos exóticos están infectados frecuentemente por salmonelas y *Escherichia coli*, y los periquitos dan positivo de *Chlamydia*. Las infecciones especie-específicas, como por ejemplo las coccidiosis, sólo pueden ser transmitidas por otros canarios infectados. En años anteriores hice un estudio en el Instituto de Patología Aviaria de la Universidad de Nápoles que demostró que los casos de salmonelosis en criaderos de canarios de la región de Campania estaban estrechamente relacionados con casos similares en pájaros de importación.

La alimentación

Los alimentos tienen una doble importancia en la prevención de las enfermedades infecciosas. En primer lugar, si están contaminados por agentes patógenos pueden ser transmisores de enfermedades. Es el caso, por ejemplo, de las mezclas de semillas y de las pastas para canarios y otros granívoros, que constantemente están infectados, en medida variable, por *Escherichia coli* o por otras enterobacterias.

Por otro lado, una dieta desequilibrada en cuanto a los elementos nutritivos (ge-

neralmente por exceso de semillas grasas) puede causar carencias graves de vitaminas, minerales o aminoácidos. Concretamente, el déficit de vitamina A predispone a los pájaros a numerosas enfermedades y hace que los epitelios de varios aparatos sean más vulnerables ante los agentes patógenos.

Administrar alimentos extrusionados a los canarios, tal como se hace desde hace tiempo con los Cánidos o los Félidos, podría ser una solución válida, porque el extrusionado carece de contaminaciones y contiene todos los elementos indispensables para los volátiles, que, al no poder seleccionar las semillas que les gustan más (y que normalmente son las más grasas e incompletas, como el negrillo), están obligados a ingerir un alimento completo.

El agua

Es muy importante dar agua fresca a los canarios, que debe estar siempre limpia en los bebederos. El agua estancada puede ser contaminada fácilmente por varios agentes patógenos (especialmente por *Pseudomonas*). Debe considerarse la posibilidad de equipar el criadero con bebederos automáticos de válvula conectados directamente al circuito de agua.

El criador

En algunas ocasiones el criador es responsable de la difusión de la infección de un criadero a otro, o de un ejemplar a otro del mismo criadero. Es una buena norma no tocar las aves de otros criaderos y lavarse y desinfectar las manos antes de acceder al propio. Asimismo, resulta adecuado utilizar ropa y zapatos destinados específicamente para circular por el local del criadero.

Conviene aislar siempre a los animales enfermos y, a ser posible, cambiarlos de local. No olvidemos que los animales enfermos deben atenderse siempre después de los sanos.

Finalmente, no hay que tocar con las manos la comida si antes se ha tocado un canario u otro pájaro, sobre todo si está enfermo, porque podría haber dejado restos de heces en las manos que contaminarían todo el saco de comida. Esta circunstancia es mucho más frecuente de lo que parece.

La higiene de los locales y de los accesorios

Es evidente que la limpieza de las jaulas y de los locales es un factor de máxima importancia. Es conveniente disponer de una unidad de recambio para cada bebedero, comedero, percha, etc., con el fin de poder sustituirlos a menudo y tener tiempo para lavar y desinfectar los otros (esta última operación requiere, como mínimo, 24 horas).

El fondo de las jaulas debe ser siempre de reja, para evitar el contacto con las propias heces, ya que muchas enfermedades se transmiten por vía orofecal.

Insectos, ratas y ratones

Muchos insectos son portadores potenciales de agentes patógenos. El local en donde están instaladas las jaulas debería estar equipado con mosquiteras. Las picaduras de estos insectos no sólo irritan la piel del canario, sino que también pueden transmitir la viruela.

La lucha contra los roedores debe ponerse en marcha al menor signo de la presencia de estos animales en el criadero. Ratas y ratones pueden transmitir muchas enfermedades a los canarios (en primer lugar la pseudotuberculosis), matar algunos ejemplares y contaminar la comida con el excremento y la orina.

Para evitar la contaminación, los alimentos deben guardarse siempre en contenedores de plástico o metal (con orificios en la tapa para la ventilación).

Pájaros silvestres

Muchos pájaros silvestres (especialmente las palomas) pueden transmitir enfermedades si se introducen (ellos o sus heces) en el criadero.

Concretamente, los pájaros insectívoros no deberían estar nunca en contacto con los canarios, porque normalmente tienen en el intestino bacterias patógenas para los pájaros que se nutren de semillas.

Los cuidados previos a la incubación

Debe evitarse el suministro de antibióticos en ausencia de patología bacteriana comprobada. El antibiótico no es una vacuna y no ejerce ninguna acción preventiva contra las enfermedades. Además, muchas veces se usan dosis erróneas en periodos de tiempo incorrectos, por lo cual no es raro que se acabe intoxicando al animal o seleccionando troncos bacterianos resistentes que más tarde serán difíciles de eliminar cuando la enfermedad llegue al criadero.

Gran parte de los fármacos antibióticos para uso ornitológico están constituidos por principios activos de generación antigua contra los que muchos tipos de bacterias hoy en día ya han desarrollado una notable resistencia.

La comprobación de los diagnósticos

Una visita de un veterinario especialista al criadero, acompañada de las debidas pruebas de laboratorio, puede prevenir la difusión de varias enfermedades o detener su evolución, sobre todo cuando se actúa a tiempo. Este tipo de intervenciones a cargo de un especialista en patología de las aves es recomendable antes del periodo de la reproducción, porque da la posibilidad de detectar posibles agentes patógenos en el criadero o la presencia de portadores sanos que podrían ser responsables del contagio de enfermedades a neonatos o a otros adultos en el momento en que, debido al estrés de la reproducción, se produce una bajada del sistema inmunitario.

También puede ser útil solicitar la autopsia de cada canario muerto, aunque aparentemente la causa de la muerte sea evidente, porque en caso de descubrir la existencia de algún tipo de enfermedad se podría evitar su difusión a toda la población del criadero.

En el caso de enfermedades bacterianas es muy importante llegar a aislar el germen para realizar un antibiograma que permita escoger el antibiótico más adecuado para el caso específico. La resistencia de las bacterias a los antibióticos es un problema serio en el tratamiento de las enfermedades que tienen este origen y, en particular, en los casos de colibacilosis.

Observar algunas normas simples, en lugar de «bombardear» con distintos antibióticos, es una forma eficaz de descartar el riesgo de gran parte de las enfermedades infecciosas de los canarios y, al mismo tiempo, de asegurarse la producción de ejemplares en perfectas condiciones de salud y preservar el estado de salud de los reproductores.

Algunos problemas frecuentes de fácil resolución

El crecimiento anómalo del pico y las uñas

El crecimiento anómalo del pico y las uñas, con parte terminal exangüe, se da a veces en los ejemplares ancianos. Si esto ocurre y no se tiene constancia de anomalías genéticas hereditarias en generaciones anteriores, el problema quizá puede explicarse por un desequilibrio alimentario o por patologías hepáticas.

La parte del pico sobrante (normalmente en la rama superior) debe limarse al máximo, eliminando toda la parte exangüe hasta que las dos partes vuelvan a encajar y el canario pueda alimentarse normalmente.

Las uñas se cortan con unas tijeras o un cortaúñas justo por debajo del punto en donde acaba el vaso sanguíneo, que se puede ver a contraluz. Es preferible dejar un trozo de más que no cortar un vaso. En cualquier caso, si se produjera esta eventualidad habría que cortar la hemorragia con un poco de algodón y a continuación rociar la uña con estreptomicina en polvo.

Verminosis intestinal

Los síntomas son somnolencia y apatía, acompañadas de adelgazamiento significativo, heces blanquecinas y, en algunos casos, plumas de la cloaca sucias.

La transmisión de los parásitos se produce por vía directa ingiriendo los huevos de las lombrices que se encuentran en las heces de los ejemplares parasitados, en el caso de los nematodos (lombrices redondas). En el caso de los cestodos (lombrices planas o tenias) se necesita un huésped intermedio, como por ejemplo un afidio, que al ser ingerido causa la infestación del ave.

La prevención de las verminosis consiste fundamentalmente en la limpieza e higiene del criadero, y en un control parasitológico periódico realizado mediante el análisis de las heces, sobre todo de los ejemplares introducidos más recientemente. Una vez identificado el parásito se utiliza el vermicida específico.

Retención del huevo

Si la canaria no logra poner el huevo se presenta letárgica, apática, a menudo se posa en el suelo de la jaula y muestra el abdomen hinchado. El huevo se aprecia con la palpación. Las razones de la retención del huevo pueden ser una malformación de los huesos de la pelvis, o bien unas dimensiones o una forma especial del huevo, la atonía del oviducto (carencia de calcio, vitamina E, selenio), la senilidad o el hecho de que sea la primera deposición, la sobreproducción de huevos, patologías del oviducto o la obesidad.

Si la causa que ha producido la retención del huevo no es una patología grave, se puede salvar la vida de la hembra instalándola en un lugar cálido y húmedo, y con una lubrificación de la cloaca (introduciendo un catéter con un poco de aceite de oliva).

Intoxicaciones

Una de las intoxicaciones más frecuentes en los canarios es la inhalación de humos (teflón recalentado, humo de cigarrillo) o gases tóxicos. Los síntomas más visibles son disnea y cianosis. Los ejemplares afectados deben trasladarse a un lugar bien aireado y se les debe administrar desametazone. Si la intoxicación es grave, el pronóstico a veces es irreversible. Por consiguiente, conviene prevenir las situaciones de riesgo (locales poco aireados, fumar en el criadero, tener animales en garajes, etc.).

Otro problema de gran incidencia en los canarios es el envenenamiento por plantas tóxicas. Las más habituales son: laurel, digital, euforbio, filodendro, altramuz, muguete, adelfa, plantas frutales del género *Prunus*, perejil, ricino, rododendro, tabaco y vid canadiense. Los síntomas son: vómito, depresión, estomatitis.

El tratamiento pretende alejar la toxina del organismo mediante lavado del buche y, en caso de estomatitis, alimentación forzada con sonda.

Constricción de los dedos

Cualquier pájaro que lleve una anilla inamovible corre el riesgo de compresión del tarso en el momento en que, por el motivo que sea, se produzca una inflamación de la zona en cuestión (contusiones, infección local, hiperqueratosis por carencia de vitamina A, sarna en las patas) o se introduzca un cuerpo extraño entre la piel y el anillo. En estos casos, sobre todo si la hinchazón se extiende y existe riesgo de gangrena, conviene sacar el anillo con el instrumento adecuado, anestesiando previamente al animal para hacer la operación más segura. Una vez retirado el anillo, el tratamiento consiste en antiinflamatorios y soluciones antisépticas.

Un problema parecido se presenta cuando se le enreda un hilo en una pata o en un dedo. Retirándole el agente causante de la opresión el animal recupera el uso de la extremidad.

Los casos en que se impone la amputación son pocos, y suelen ser aquellos en los que la constricción ha durado días sin que el criador se haya dado cuenta.

Golpe de calor

En caso de hipertermia (golpe de calor) el pájaro tiene las alas abiertas, respira con el pico abierto y tiene una taquicardia notable. El tratamiento consiste en instalar al animal en un lugar más fresco y oxigenado, y mojarle las patas y las puntas de las alas con agua a temperatura ambiente.

Un enfriamiento demasiado violento puede causar daños mayores que los causados por el golpe de calor.

Hemorragias

Los pájaros soportan mucho mejor que los mamíferos las pérdidas de sangre, lo cual explica que puedan sufrir una pérdida relativamente importante sin sintomatología apreciable. Los episodios traumáticos son la causa principal de hemorragias en el canario, aunque patologías gastroentéricas y hepáticas, tumores y envenenamientos también pueden ser responsables.

La fractura de una rémige o de una timonera en crecimiento provoca hemorragias abundantes, mientras que la pluma permanece en el folículo. La pluma debe ser extirpada con unas pinzas hemostáticas, cogiéndola lo más cerca posible del punto de salida del folículo y comprimiendo la parte con los dedos. Esto disminuye la hemorragia en un 60 % por lo menos. Se aconseja no aplicar sustancias hemostáticas o cauterizantes en el folículo para no dañarlo e impedir el crecimiento de una pluma nueva.

La hemorragia debida a la fractura de una uña puede cortarse fácilmente con sulfato de hierro u otras sustancias hemostáticas. La del pico, en cambio, en los casos más graves puede requerir la cauterización.

Índice de razas y variedades

ÍNDICE ANALÍTICO